周蓓 主編

『民國專題史』叢書

(英)柏特利 著 鄧公玄 譯

河南人民出版社

歐美政制史

敘述自希臘、羅馬時代至第一次世界大戰後，歐美各國的政治源流、政治制度的發展及變遷等

圖書在版編目(CIP)數據

歐美政制史 / (英) 柏特利著; 鄧公玄譯. —鄭州 : 河南人民出版社, 2016. 4(2017. 1 重印)
(民國專題史叢書 / 周蓓主編)
ISBN 978-7-215-10039-8

Ⅰ. ①歐… Ⅱ. ①柏… ②鄧… Ⅲ. ①政治制度史-中國-西方國家 Ⅳ. ①D719. 569

中國版本圖書館 CIP 數據核字(2016)第 079700 號

河南人民出版社出版發行
(地址:鄭州市經五路 66 號　郵政編碼:450002　電話:65788063)
新華書店經銷　河南新華印刷集團有限公司印刷
開本 710 毫米×1000 毫米　1/16　印張 12. 75
字數 200 千字
2016 年 4 月第 1 版　2017 年 1 月第 3 次印刷

定價 : 80. 00 圓

出版前言

中國現代學術體系是在晚清西學東漸的大潮中逐步形成的。至民國初建，中央政治權威進一步分散和削弱，加之新文化運動帶給國人思想上的空前解放，新學的啓蒙，新知識分子的産生，民國學術如草長鶯飛，進入一個自由而蓬勃的時代。中國傳統學科乃中國學術之根基與菁華所在，民國學人采用『取今復古，别立新宗』之方法，引入西方的學術觀念，積極改造，使史學、文學等學科向現代學術方向轉型。此外，大力推介西方社會科學的新學科和自然科學，在學習、借鑒乃至移植西方現代學術話語和研究範式的過程中，逐漸建立中國現代學科，使中國的學科門類迅速擴展。一時間，新舊更迭，中西交流，百花齊放，萬壑争流，開創了中國現代學術的源頭。

伴隨知識轉型和研究範式轉换而來的，還有學術著作撰寫方式的創新。中國古代的著作向來以單篇流傳，經後人整理匯編後，方以成册成集的面目出現并持續傳播。直到十九世紀末，東西方的歷史編撰體裁不外乎多卷本的編年體、紀傳體和紀事本末體等，章節體的出現標志着近代西方學術規範的産生和新史學的興起。章節體具有依時間順序，按章節編排；因事立題，分篇綜論；既分門别類，又綜合通貫的特點。以章、節搭建起論述之框架，結構分明，邏輯清晰，較傳統的撰寫體裁容量大、系統性强。它的傳入，使中國現代學術體系從内容到形式被納入了全球化的軌道。民國時期專題史的研究、譯介、編纂、出版恰恰是在這樣的背景下欣欣而發，是學術的實驗場，也是歷史的記録儀。編選『民國專題史』叢書的初衷正是爲了從一個側面展示中國學術從傳統向現代過渡的歷史進程。

專題史是對一個學科歷史的總結，是學科入門的必備和學科研究的基礎，也是對一個時代艱深新鋭問題的解答，是學術研究的高點。民國專題史著作中，既包含通論某一學科全部或一時代（區域、國别）的變化過程的，又囊括對一時代或一問題作特殊研究的，還有少部分是對某一專題的史料進行收集的。原創與翻譯并重，翻譯的底本大多選擇該學科的代表著作或歐美大學普及教本，兼顧權威性和流行性，其中日本學者的論著占據了相當比重。日本與中國同屬東亞儒家文化圈，他們在接納西方學術思想和研究模式時，已作了某種消化與調適，從思維轉換的角度看，更便于中國借鑒和利用，他們的著作因而被時人廣泛引進。

與當代學術研究日趨專業化、專門化、專家化的『窄化』道路迥乎不同的是，中國傳統學術崇尚『學問主通不主專，貴通人不尚專家』的通識型治學門徑，處于過渡轉型期的民國學術在不同程度上保留了這種特徵。民國學術大師諸學科貫通一脉、上千年縱横捭闔之功力自不待冗言，外交家著倫理政治史、文學家著哲學史、化學家著戰争史等亦不乏其人，民國專題史研究呈現出開放、融通、跨界撰述的特點。與此同時必須看到，自晚清以來，中國的命運就在外侮屢犯、内亂頻仍的窘境中跌宕彷徨，民族存亡仿若命懸一綫。這股以創建學科、總結經驗、解決問題爲指歸的專題史出版風潮背後，包裹着民國學人企望以西學爲工具拯民族于衰微的探索精神，及以學術救亡的愛國之心。梁任公曾言：『史學者，學問之最博大而最切要者也，國民之明鏡也，愛國心之源泉也。』這種位卑未敢忘憂國的歷史使命感和國民意識是今人無法漠視和遺忘的。

『民國專題史』叢書收録的範圍包括現代各個學科，不僅限于人文社會科學，學科分類以《民國總書目》的分科爲標準，計有哲學、宗教、社會、政治、法律、軍事、經濟、文化、藝術、教育、語言文字、中國文學、外國文學、中國歷史、西方史、自然科學、醫學、工業、交通共19個學科門類。本叢書分輯整理出版，内不分科，單本發行，方便讀者按需索驥。既可作爲大專院校圖書館、學術研究機構館藏之必備資源，也可滿足個人研讀或興趣之收藏。

與目前市場已有的一些專題史叢書相比，『民國專題史』叢書具有規模大、學科全、選本精、原版影印的特點。本叢書選目首重作者的首創、權威和著作影響力，尤其注重選本的稀見性。所謂稀見，即建國後没有再版，且多數圖書館没有收藏，或即便有收藏，也是歸于非公開的珍本之列予以保存，普通讀者難以借閲。部分圖書雖有電子版，但作爲學術研究的經典原著讀本，紙質版本更利于記憶和研究之用。本叢書精揀版本最早、品相最佳的原版圖書作爲底本，因而還具有很高的版本收藏價值。

『民國專題史』的著作是民國學者對于那個時代諸問題之探究，往往有獨到之處，無論其資料、觀點短長得失如何，要之在中國現代學術史的構建與發展進程中，自有其開宗立論之地位。

譯者序

本書原著爲英人柏特利爵士所作，原名"The Story of Government"篇幅雖不極長，而於西方政治制度，自原始人類以來，由希臘羅馬直至歐戰以後歐美各國之政治源流，莫不一一分析，以簡馭繁，提要鈎玄，使讀者對於古今政制發展演變之形態，豁然貫通，而無生吞活剝之虞，掛一漏萬之嫌，誠屬不可多得之名著。就中尤足稱述者：（一）凡古今政制之興替，其來龍去脈，因果響應之事實，俱能以客觀態度，指點詳明，使政治學者與政治家知所借鏡，而不徒爲過去事實之回顧。（二）指明世間之人類政治，祇爲應付暫時之設施，任何政制均不得視爲至善，亦不能金剛不壞，故政治學者與政治家之努力，不在求政治上永久不變之體制，而在求其最足切合環境之組織。（三）向者治政治學者，對西班牙系各國之政治情況，從未予以注意，本書作者，不但對於西班牙本國，卽美洲之拉丁系諸共和國，莫不悉予深究，且認定拉丁亞美利加或許爲人類政治上未來祕密之府藏。（四）認定人類政體，不論古今，只有三種永久之方式，卽君主制，貴族制，與民主制，——其極端之方式爲暴君制，寡頭制，與暴民制而已。（五）對於目前政治趨勢，認爲因歐戰之結果，以前之民主代議制不能應付一切經濟方面之難題，故獨裁制必爲一時所崇尙，惟此種特殊之政治現象必爲社會激變中之暫時辦法，而不能維持至於永久；同時對於獨裁者之地位與責任亦有精審之批判。除上述五點之外，其優點尚多，要之此類政治書籍，最切國人之需要，因於溽暑中取而譯之，以貢獻於國人，其中疵謬之點，當恐難免，惟賢者教之。

鄧公玄序一九三三年八月。

原序

吾人欲舉人類於各時期所嘗採用之一切政體，在通常篇幅之著作中，一一爲之覼縷，誠屬不可能之事，故余僅將歐美現存政制之主要源流，加以論列。五十年之前，苟欲自命爲完備，則對於此類著作，必須將東方之政治制度，詳爲探討，但在今日，亞洲各國至少在口頭上已一致接受西方政治理想，則此類工作，自屬贅疣矣，是以爲篇幅計，余遂舉此項分析完全省略之。

余當對布恩氏（Burns）奧特氏，（Oates）及華徐本（Washbourne）諸君，深致謝悃，因其允將曾在杜柏靈評論（Dublin Review）發表之文字之一部重行刊載也，同時亦當感謝十九世紀及其以後（Nineteenth Century and After）之編輯，亦因其允將該項出版品之一部分文字重印於本書也。

查禮士柏特利於英格蘭

目錄

歐美政制史

第一章　古代政治組織

亞里士多德(Aristotle)嘗言：『人類爲天然之政治動物，』二千年以後，威爾遜(President Wilson)定政府之界說曰：『政府爲有形的社會組織。』換言之，卽政府者以吾人今茲所知者而言，乃係政治動物暫定之妥協辦法，使其得與其儕輩和衷共濟並存於社會者也。既爲暫定之辦法，是以任何政體，皆不能視爲絕對完善，蓋文化有興替，環境有變遷，人類政治之組織，雖或適合於一國之某時代，而時移勢易，卽不啻秋扇之已捐。例如亨利第二(Henry II)之專制政體，在十二世紀，雖適於當時之需要，而在今日之英國，則殊不切時宜矣。顧歷史往往有重演之慣性，——如十六世紀宗教改革所生之影響與實業革命後所成之棼亂，足以等量齊觀——在此種情況之下，吾人於祖先所嘗試驗之政治技術，實不敢冒險忽略之。

研究過去之所以有價值，其理凡二：第一得以追溯現代許多理想與制度之生長，第二得以明瞭在某一時代人類所需要者，究以何種政治爲最適宜。在人類有相當文化程度以後所成立之政體，謂已永久廢棄者，實不多覯，因其曾在歷史上某一時期流行，則將來或不免如優孟衣冠重演一度也。例如獨裁制在十年之前，歐美人士咸以爲已成永久廢棄之政治制度，而在今日則獨裁制且浸浸將奪民主政治佔有百餘年之寶座而代之矣：是以細察往事，即不至如此武斷，因歐戰以後發生若干情態爲現有之政治社會組織無法應付，自不能不求助於獨裁制也。蓋歷史者猶例證之哲學也，使吾人愈留心於例證，則愈能受其裨益。

政治之存在，既遠在有史以前，故欲斷定何種政體爲原始人類最先採用，殊非易事，是以有若干問題已成爭辯之焦點，不但對於結論，即對於達到結果之方法，亦往往莫衷一是。

第一派之政治哲學家，在十七十八兩世紀流行最廣者，爲荷克(Hooker)霍布斯(Hobbes)洛克(Locke)與盧梭(Rousseau)等，均爲當時最顯著之人物。彼等所用之方法，厥爲從其當時之文化狀態，回溯至舊石器時代所下之種子也。彼等之本意，原屬不謬，良以解決現在之祕鑰，必求之於既往，但其所用之方法，則至荒唐，以致彼等對於古代社會所下之謬解，竟須俟諸知識較充分之後代爲之糾正。而在另一方面言之，則吾人不可對於諸先輩責難過甚，因彼等當時對於古代之知識原爲有限，自不免有所障礙，且彼等對於僅有之參攷資料，已克盡其努力之能事：無論如何，彼等能使以往之傳統觀念，擊成齏粉，另闢蹊徑，俾後人知所遵循，其功亦不可磨滅也。

第二派方法，爲今日普遍應用者，厥爲將古今人類生活之證據，悉數搜羅，使之自行說明其狀態。在過去之五十年中，學者如佛勒史爵士(Sir James Frazer)與衞士特馬克教授(Professor Westermack)曾將其研究古代社會情形所得之結果著爲巨秩，對於原始人類及其他野蠻民族之風俗習慣，莫不加以深切之討探；而於最近絕跡之塔斯曼尼亞（Tasmania）之原始人類風俗習慣，亦搜羅無餘，誠爲原始人類可靠之百科全書。古代之政治哲學家，但能於希洛多特斯（Herodotus）及其他希臘羅馬著作家之神話中搜求證據，而近代學者則有其豐足之材料供其整理，加以人類知識日益增加，是以吾人對於本題之研討，其方法與所謂明哲的荷克（Hooker）及其同派所採用者，完全不同。質言之，吾人得利用以無限辛勤獲得之證佐爲依據，故對於古代政治所下之結論，不致與眞理相距太遠也。

以各種關於古代風俗之材料，細加研究，歸納而得之結論，厥爲最古之人類社會，實以家庭爲基礎，而家庭政治，又係家長性質，例如今日厄瓜多幾伐洛印第安人（Jivaro Indians）是也。衞士特馬克教授對此已認爲無可疑議，如在其人類婚姻史（History of Human Marriage）中云『吾人所有之證據皆表示最早之人類祖先，實以家庭而非以種族爲社會之核心，且在若干例證中，家庭組織，乃爲惟一之社會團體也。』

凡曾偶爾研究羅馬法者，當知在羅馬之若干世紀中，家庭所佔之地位，極爲重要，而愈溯至前代，則其地位亦愈形重要。反對此說者，此爲乃係以種族而非以家庭爲社會之實在基礎，其證明爲依據若干原始人類之雜交情形，如多妻或多夫制度，皆爲與家庭制度相反，而實爲當時社會之常例。然吾人對於此點敢斷然答復，即雜交乃係衰落之象徵，而非發榮之象徵，至謂家庭乃起於種族之後，是不啻與六千年有史以來之證據相抵觸，蓋單位乃日趨於擴大，而非日趨於縮小也。其在今日，雖仍有若干野蠻或半開化民族發現雜交之情形，然此等民族對於文化進步無甚供獻，是以吾人敢斷言原始社會實以一夫一妻之家庭制度爲其基礎焉。

基於前說，則最古之政治制度爲家長制乃屬無容疑惑矣。威爾遜之論國家起原，對於此點異常着重，而其見解與一般有力之批評家相同。

「造成現代歷史之各大民族，其所充滿之傳統觀念，莫不以爲人類之原始，起於一共同之男性始祖（神或人）；而在政治上承襲而來之痕跡，其最豐富而顯著者，亦無過於以家長爲基礎之家庭爲其政治組織之模型。」

原始政治固有以主母爲政治中心者，然執此以爲辯駁之理由實已超出論點之範圍，蓋母性中心之所以存在，實因父性中心不易建立或不能建立之故，其主因卽在於雜交，但此種制度實非最古之組織，不過爲已退化之社會形態，吾人已於前節言之矣。父權組織在有史以後，尚持續頗久，卽在近代，猶有不少例證，將父權編入法典者：惟邇年以來，父親在家庭之威權，始完全消滅。

然在有史以前，家庭久已非政治之單位，其地位已爲種族所替代。人類史上最彰明者，無過於政治單位日趨擴大之一事。最初爲家庭，其次爲種族，而最後則爲民族（或國家），顧民族亦尚非最後之階段，因民族方日趨膨脹也，其有不能隨時發展者，卽落於國際競爭之場合矣。當培里克兒(Pericles)時，雅典爲世界之怪物，然其人口尚不及今日倫敦或紐約附郭之多；羅馬爲地中海主人時，其公民尚少於今日伯明罕(Birmingham)或地特萊（Detroit）；卽近世荷蘭與葡萄牙之能建立大帝國也，由今觀之，其資力亦若極不足以擔負如此偉大之事功者。是以無論從人口或領土方面觀察，政治單位，均爲日趨擴張；故羅馬大於雅典，而荷蘭葡萄牙則又大於羅馬。法人本諾斯特（M. Charles Benoist）著法蘭西政治演進律（Les Lois de la Politiques Francaise）一書，實爲近數年來有名之政治著作。氏爲解釋法國革命以來漸次衰落之故，嘗討論及此，其結論以爲由於政治單位之擴大，而法國則未能並駕齊驅。蓋法國今日在歐洲之領土，較之路易十四（Louis XIV）時代，不過百分之七十五而已。政治單位日趨擴大之勢，固久已存在，惟在過去一世紀中，其進程尤速；而政治進步之第一步，厥爲以種族替代家庭在政治上之地位。

其所以發生此種變動，理由甚多，而最主要者，卻爲經濟的。家庭既日趨膨漲，則其移動之領域，亦隨之而擴大，而在當時尙爲游牧狀態，故各部分之聯絡，亦往往隨而鬆懈，於是子弟之支派，遂亦形成家庭之組織，因此而種族之制應運而起。此種變遷，自屬漸漸而來，在當初或不易察覺，直至事態顯著，始引起注意。在歷史啓幕之後，有時吾人見原始人類如澳洲之土人及美洲紅印度人，均以種族制度爲基礎，然亦有已由種族進而爲國家，而仍以父權中心之家庭爲社會之單位者。而在另一方面，近代立法者所最注意之個人，在古代殊爲無足輕重，直至耶教普遍接受之後，始漸爲人類所重視；若在東方則個人之地位，至今仍不能與家庭或種族相比擬，由此事實更足以明瞭以個人自由爲基礎之民主政治輸入亞洲以後，所以不能有卓著之成效，與夫論者之推測，以爲不以個人爲主而係以團體爲主之泛繫主義，在東方之日本，其前程且遠較民主政治爲大，將來或有證明之一日也。

歷史上最能解明古代政制演進者，實無過於伊色列子孫（Children of Israel）之故事。吾人於亞伯拉罕（Abraham）得一父權之家庭，父權專制足以置兒女於死地；至於約瑟夫（Joseph）及其弟兄之落居埃及一事，則爲表示種族之起原及乎最後選舉蘇爾（Saul）爲王，則表示向心力之作用，卒使各種族形成爲民族（或國家）之組織。論者得謂此整個故事，乃不過爲一神話，顧是否爲神話，乃神學家之問題，但舊約全書爲足說明猶太民族之演進，則毫無疑義，此種演進之形式，固各民族演進所同具之現象也。當愛琴人（Achaens）及多利安人（Dorians）以次侵入希臘半島時，其民族發達之程度，正與猶太人之侵入帕勒士登時相同；在特萊（Troy）以前，希臘之社會組織，純爲種族制，如希臘敍事詩（Iliad）中納斯托（Nestor）告亞格門南（Agamemnor）所謂『分爲種族與堂房，而種族與種族，堂房與堂房之間，彼此得收互相協助之功。』羅馬古代之政制亦係種族之性質，而達西特斯（Tacitus）論日爾曼民族之最古政制，亦有相同之點。

由家庭變而爲種族制後，在政治組織上自不能不發生同樣之變化，故關係於家庭問題之事項，父權依然存在，惟於家長之上則有族長，而最後則族長之上又有一國之首長存焉。蓋因社會組織既日進於複雜，舊有鬆懈之家庭聯盟的組合，亦緣而破壞，於是在戰時則不能不物色一酋長，以爲統率，結果此酋長遂變而爲永久之長官。惟此長官之統治權殊爲薄弱，稍讀荷馬（Homer）史詩描寫之世界，卽當知之矣。長官之外，尚有由各家長或族長組成之會議，雖未必在理論上，而亦必在事實上，一切大小事宜，必以咨詢。此即所謂「荷馬王制」(the Homeric kingship) 是已。此種組織，即君主政體之原始形態也。在古代得於猶太人波斯人尋其遺跡，爾後則於侵入羅馬帝國之條頓人（包括盎格羅(Angles)及撒克遜人(Saxons)）覓其證明，但其壽命則每甚短促，良以此種君主或如巴勒士登及波斯之變為專制帝王，或如希臘城市國家之變為選舉的長官也。惟在斯巴達因有特殊情由，此種「荷馬王制」其壽命得與國同其終始。然家庭中之父權，并未因此種變動而減輕，即紀元前五世紀希臘文化已甚發達時，而荊謀教授(Professor Zimmern)稱當時之人曰：『從其孩提至於終生，皆為父權制度所束縛，其行動也則踟躕不前，以為冥冥中無往而非惡魔，且充滿迷信與禁忌之觀念，若在吾人觀之，蓋屬毫無意義者矣。』

然而吾人所當注意者，即原始民族能由「荷馬王制」跳出而達於其他政治歷史之階段者，為數不多，其能由此演進者，要為情勢所逼迫不得不爾也。北美紅印度人及澳洲土人之起源，原為人種學上之問題，但當歐洲探險家發現彼等時，覺彼等雖仍在游牧民族時期，並無固定政制之可言，然似為已經退縮不復有冒險精神者矣。而希臘羅馬人則異於是，因彼等並未據有廣大陸地，供其遨遊，是以必須征服隣近之土地，始足以生存。在此種環境之下，從政治立場觀之，不能不較其他民族加速發展，良以外來之壓迫既時有可虞，乃不得不建立鞏固之政治制度以應付外來之侵害也。

吾人研究政治進化既已達於「荷馬王制」之時期，則不啻已入於建設城市國家之前夕矣，但在未討論城市國家以前，尚不能不對於「民約說」(Social Contract) 關於古代文化之理論，加以研究。此說固早已爲一般人所否認，故吾人之研究及此，非因其本身之重要，卻因其在法國革命時代，於政治思想方面所生之影響，誠不可輕忽之耳。

倡此說者，以爲原始人類之生存，因在人爲法律之上，有所謂自然律之存在，——如羅馬時代之國際法 (Jue Gentium) 是。在近代英人中之首倡此說者爲荷克氏，於伊利沙伯時代所著之聖教政制法 (The Laws of Ecclesiastical Polity) 中，論自然法曰：『此種自然法者，對於人類有絕對之拘束力，固不問人類相互間有無共同之關係，或對於某事之可爲與不可爲有無協約於前也。吾人如欲維持高尚之生活，則吾人單獨之能力，必不能供給其需要；是以爲補救孤獨生活之缺憾計，自不能不祈求交際與他人之友誼。因此人類遂不能不互相聯合而成政治的社會，既有社會則不能無政府，既有政府則不能無顯明之法律，此種法律卽吾人所曾陳明者也。公共社會之成立，其基礎有二：其一爲自然之傾向，卽人類各有社會生活與共同友誼之要求；其二爲彰明的或祕密的協約，以拘束共同生活之行爲。』此卽所謂明哲的荷克之見解，從其著作抽繹而得，則知此種見解實與其所辯護之神學系統者合符節焉。

大約五十年之後，霍布斯亦追蹤而起。霍氏以爲自然律者乃係『一種由理性產生之箴誡，或公共之規範，用以防止個人對彼自身有損之行爲，或損害於保全其生命之工具者。』然霍氏與荷克見解相同，以爲在原始人類時代，自然律往往不能施行，故謂原始人類之生活「爲孤獨的，貧乏的，混亂的，野蠻的，且係短促的也。」不久以後，洛克又隨兩前輩之後，謂原始人類之所以陷於可憐之狀態，實由不能遵循自然律之所致，故欲終止其可憐之命運，惟有相約而結共同之社會成立政治團體之一法。最後則有盧梭（Rousseau）繼之而起。氏於其所著之民約論，將荷克，霍布斯，與洛克等之巨著刪削而成百餘頁之小册，於是人類之思想起一大變革，直至其死後一世紀猶聞其回響焉。

簡言之，民約說對於社會之起原，有兩大前提須首先承認：其一爲原始人類之生存，在一切法律之上有一自然律，但原始人類具有天然之缺憾，以致不克察覺；其二爲欲達到較好之生存計，於是遂犧牲自身權利之一部，而締結協約，以求共同之安全。在此種情形之下，無怪十八世紀之哲學家之主張，以爲有協約則一切政府之成立，皆以被治者之同意爲基礎，設有政府違反此項協約，卽應予以推翻之。用此理論以抨擊神權說，實具無上之效力。盧梭著民約論，開宗明義卽曰：人類生而自由，然而無往而非桎梏。抑有進者，因盧梭等堅持自然律之存在，是不啻對各種法律置備一抗衡之槓桿，於是使荷克持以爲英國教會及條多（Tudor）王朝辯護之論據，兩世紀以後，乃變爲世間最著名之革命主義，無怪尼采（Nietzsche）謂『在一切社會革命運動中，盧梭之信徒，猶自投愛特納火山口中之泰佛氏（Typhoeus under Etna）也。』

吾人欲指摘民約說之謬誤，固無須對於自然律贊否兩方之論據，詳加批判，或討論自然律與羅馬國際法之關係，關於此點，梅因（Maine）在其所著古代法（Ancient Law）中，業已論之綦詳，而民約說全部理論之攻破，即在一極簡單的事實之上，良以古代未嘗有所謂協約，更無發生所謂協約的事實之可能性也。假令此派學者欲使吾人相信此項協約而曾締結，則斯約者必須經各個人自由意志之決定，顧在原始社會，個人本屬無足輕重，而家庭始爲一切的一切也。古代人類猶亞里士多德所謂「政治動物」也，第其爲政治動物，係以團體爲基礎，而非以個人爲單位，蓋個人之具有本身之權利，乃係近代之觀念也。霍布斯謂古代人類生活爲「貧乏的，混亂的，野蠻的，且係短促的」，誠屬不謬，但謂係孤獨的則大謬，因其處於家庭中，有家長爲之主持一切也。是以個人永遠不能脫離家庭之環境，而在此環境之中，所謂締結協約之事，乃絕不可能，固至彰彰焉。古代社會以家庭爲單位，其最早之政府爲父權政制，不論過去政治哲學家視民約論如何寶貴，然執此以反證之，則不能不因其違反歷史而否認之矣。

吾人對於此種關於古代文化解釋，不惜浪費篇幅細爲論列者，非以其本身之重要，乃因其對於歷史過程中之一個時期的政治曾發生極大之影響。盧梭之說實爲推翻舊有制度之主因，顧此等理論，實建築於古代人類締結協約之謬誤觀點之上。歷史及人類學知識之進步，已證明其荒謬，但其在政治運用上之效力依然存在。乃者人類對於經濟之興趣日趨濃厚，而對於政治之興趣則日形減低，於是馬克斯（Marx）遂替代盧梭爲時代革命之鼓動者，惟盧氏所倡之原則，仍爲近代多數憲法上之根據，爲此之故，吾人對於現實政府不能完全磨滅之基本理論，自當詳爲探討之矣。

第二章　城市國家

從有史以後，吾人研究之範圍，必須大加縮小。蓋早期人類之發展往往彼此相同，一俟超過某項程度，則進化之源流，支派分歧，亦有中途凋竭，未嘗達於近代文化洋海者。假令吾人不反對以宗教的與非宗教的事實爲比喻，則人類歷史之進化與聖經上播種者之神話，極爲酷肖，聖經謂所播種子，其中有若干雖發榮一時，而旋即槁萎，其在他處所撒播者反獲豐收，其於文化亦然，例如埃及，巴比倫之文化，在當初未嘗不盛極一時，而不旋踵即衰敗無餘，反之如希臘羅馬之文化，其發榮雖緩，而在歷史上則永留痕跡。是以吾人如欲研究政治之發達，必須對於具有古蹟的諸古國中之希臘羅馬之政治制度，單獨予以研究。

古代希臘人之進抵希臘，係由兩派侵入，即多利安人與愛琴人是已。彼等侵入之時間，相距雖久，而結果則一：彼等雖仍留有民族社會之痕跡，但在侵入新居不久以後，即採用城市組織。試以地圖一觀，即知城市國家所以成立之故，因希臘地形之結構，又因當時交通工具至不完備，遂使侵入之游牧民衆，不得不分爲若干孤立之團體。換言之，因地理關係發生之離心趨勢太大，殊非僅具脆弱的種族組織之侵入民衆所能征服也。復因當時敏南(Minoan)與埃及帝國之衰敗，使緣地中海各處均受其混亂之影響，於是各地均以自衛爲第一要義，而希臘半島自不能不以建築城市為急務矣。是故希臘城市之建立，非以商務為動機，不過為人民逋逃之所，因此之故，現代所生城市與鄉村間之鴻溝，在當時固未發生之。當培利克兒時，雅典城市國家已登峯造極，而雅典公民往往尚於亞的加(Attica)猶無立錐之地，故與今日工商業化之城市居民相去遠甚。

希臘民族之侵入半島也，係帶「荷馬王制」而來，在城市國家發生之後，不久即行消滅。因此種制度並無具體組織之支持，其結果一俟曩昔所需要之戰時統帥無存在之必要時，即不能不退讓矣。君主之政權不久即被貴族篡竊，而貴族之起原，乃由掠奪征服的居民之土地所造成，故不旋踵間，向之君主，已不啻為一傀儡矣。當最古史家希洛多特斯作史時，「荷馬王制」已成過去之陳迹，且因年湮代遠，關於此制之回憶，已甚朦朧而淆亂無章矣。但在宗教事項則君主的傳統威權留存較久，近代政教分離之制，在古代尚未萌芽，而最古時期，則統治者乃兼教主，君主而一之。此種傳統流行既久，故雅典之亞貢王(King Archon)與羅馬之沙克洛朗王(Rex Sacrorum)雖時代不同，俱能保存舊時「荷馬王制」之印象。其實猶今日之英王，雖其政權已完全剝奪，而在數千萬英人心目中，固仍為大英帝國統一之標幟，而希臘羅馬人之視王室，其義亦同，雖限於無關宏旨的宗教儀式上之作用，而認定王權神授之說，仍足為其種族統一之象徵。

君主威權既日形崩潰，故大地主之權則益趨膨脹，其結果厥為希臘各城市國家之政府，無一不變為以土地為基礎之貴族政治。此種現象直至於今，在歷史上仍層出不窮：一六八八年英國革命後一百年之中，即為賢格派

（Whig）之貴族襲斷政權；美國獨立之初，亦非由喬治第三（George III）臣工之手，以政權直接授予美國人民，乃係由維精內亞（Virginia）之紳士所承受。在古代希臘，此種現象延長至於何時，原難推斷，惟此種特質則到處皆然。所有國家大權悉集中於少數貴族之家庭，政無大小，悉以出之。國家財源之基礎一日不變，則其地位亦永無搖動之日。迄於紀元前第七第六世紀，因殖民運動日趨活躍，而商業遂取土地之地位而代之，以致社會基礎完全變動，而社會上形成一種新階級，嶄然露其頭角，顧此種新階級與向之貴族，固無親故之關係也。正如百年前因工業與發明之進步，使歐洲貴族政治之基礎完全推翻，其在希臘亦因商業發達之故，致希臘之先型隨而消滅，而產生希臘人所謂之暴君政治（Tyranny），而吾人則名之曰獨裁政治（Dictatorship）。

貴族政治之衰敗，其主因在於經濟之變動，蓋國家財源已由商業替代土地之地位，使自君權低落以來握有國家大權之階級，漸漸失卻其重要性。換言之，即因社會之變遷，向之政制已無法應付當時之情形耳。當十七十六兩世紀時，凡有文化之區域，莫不發生劇烈之變化。如埃及，亞述及巴比倫諸古國均相繼滅亡，繼之而起者，爲西流士（Cyrus）王國，同時加太基（Carthage）雖名義上尚受斐尼基（Phaenicia）之羈絆，實際已完全自由，而浸浸欲襲斷地中海之西岸；而希臘在地中海之東西兩岸均有多數殖民地之建立，此等殖民地中有至今猶存者。是故當時實爲一進化與發現之時期，惟紀元後十六十七兩世紀足以相提並論也。在此情況之下，無怪向之發生於環境不同之政治組織，無法應付方興未艾之難題，而自行顛仆之矣，即如封建制度所以於文藝復興，宗教改革與美洲發現之後而壽終正寢者，其理亦同；若在今日，論者且謂民主政治亦將證明爲同樣不能應付歐戰後之問題矣。

在此時期，實際上各希臘城市國家，莫不顯露貴族欲保持固有地位，與新興資產階級希圖推翻其地位之鬭爭。此種鬭爭最初之結果，遂有所謂暴君者之出現——當初希臘人之所謂 Tyranny 並未含有惡意——暴君以人民之名推翻舊有貴族之後，旋篡竊其權而佔有之。衛德鈎利（Wede Gery）於所著劍橋古史（Cambridge Ancient History）云『暴君以幼稚的民衆意志爲基礎而非以法律爲基礎……迄乎環境變更或意志轉移時，則彼之任務卽行終止，且彼無皇族之尊嚴或宗教與社會之核准，足資後盾。』總之，暴君制不過爲一種暫時的政體，其所以爲一般民衆所容忍者，乃因其能在社會經濟劇烈變動中，獲得安全之保障，同時則由一種社會進而爲他種社會之過程中，使整個社會之組織不致破壞無餘。在希臘各城市國家，暴君間有將其政權傳之於子，甚或傳之於其孫者，然過此以往，則在希臘未之前聞焉。

其後暴君亦被打倒，而德謨克拉西遂確現於多數之希臘城市國家中，惟此種德謨克拉西仍帶有寡頭政治的反動色彩於其間。古代之所謂德謨克拉西與今日之所謂德謨克拉西迥然不同，因古代希臘之德謨克拉西係以奴隸爲基礎，而代議制又未之前聞也。其實在紀元前第五世紀之德謨克拉西與寡頭政治之區別，悉以近代理想而論，不過爲程度的不同，而非種類之懸殊。吾人欲讀雅典議會之辯論，必須謹記：其有權出席於此議會者，僅爲全體人口中之極小一部，因奴隸，婦女，以及外國僑民，皆在嚴格排除之列：是以民主的雅典，不啻等於英國未通過第一次改革法案以前之情形而已。顧此種限制卽爲解答城市國家祕密之鑰鍵，蓋當時公民之所以熱心於政治者，良因僅有閒暇之人民始能參與政治，而彼等居住與會場相鄰近，故遇有會議或法庭開審須出席時，固甚易蒞臨也。故城市國家與其謂爲與今日國家相似，毋甯謂與牛津或劍橋大學相似：蓋牛津劍橋之份子，類爲彼此相知者也。而亦惟對於大學愛校熱忱有經歷者，始能了解古代希臘之情況焉。

關於希臘德謨克拉西最卓著之榜樣自爲雅典，而最著名之培利克兒斯殯葬之演詞中，猶保存雅典公民之意向。吾人如欲充分了解其意義，必須全部細讀。雅典之德謨克拉西雖不免有其缺憾，然對於後世有如此無價之遺賜，亦不爲虛矣。是否在希臘當時情況之下，德謨克拉西始有發生之可能，實爲一極有興趣之思考問題，然無論如何，在此時期能產生一派哲學與文學，對於人類思想之影響，永遠不能磨滅之。且希臘人爲最早之政治學者，其所創造之各種政體，及其起伏無常之狀態，不啻爲全部文化史之縮影，蓋在城市國家各種將來之問題，雖未必十分顯明，亦必隱約可見也。

此種特殊政制，在吾人理想中如此重要，以致往往忘卻其在希臘流行之短促，而希臘者，乃爲求得其純正體制之所在地也。紀元前第六世紀見其發揚光大，第五世紀則見其登峯造極，而在第四世紀開始之前夕，雖有極端之進步，而同時亦漸入衰落之時期矣。亞里士多德在其他方面與麥克衞里(Muchiavelli)相同，實爲一現實主義者，然當其門徒亞歷山大（Alexander）征服亞洲，行將造成一嶄新世界之頃，猶否認當時之現象，而堅持城市國家爲政治上最高之理想範在斯時，不問其對於此大哲學家誘惑力如何強烈，然其所遺留者實僅有其正面的建築而已矣。

希臘城市國家制度，所以衰敗之原因，除各種關於藝術上之臆說不計外，爲數亦不少，然大體可概括爲二類，即內部的與外來的原因是已。當暴君制推翻之後，惟有兩種政體之出現——即寡頭政治與德謨克拉西——迄乎行之既久，則寡頭制與德謨克拉西均流於極端，以致形成絕不可能之形勢，關於此點，如以代表兩極端之斯巴達與雅典的歷史加以參閱，則尤易明瞭。斯巴達以君主爲名而寡頭其實，一切政權均操之於極少數人之手中，其結果則國家政策之怯弱，遂成司空見慣，而最後遂爲完全瘋癱之症，於是災禍臨頭矣。其在雅典，則自培利克兒斯死後，一切政權悉落於暴民之手，其結果則致雅典政府之命令，其有效期間，不能超過兩日以上。總之，城市國家之制度已走入極端，卒致自招滅亡之道也。

至外來之原因，即爲比洛潘尼斯戰役（Peloponesian War）及其影響。希臘各國，經此一役之後，不論勝負，均已達於毀滅之邊際，在此時期，惟有長期之休養生息，始克有濟，顧事實則不然，而斯巴達不旋踵間，又與色布斯（Thebes）宣戰，其目的即在互爭領袖權，而此種領袖權者，固斯巴達曾犧牲極大之代價與雅典爭奪而得者也，且在斯時，苟無馬其頓王斐利浦（Philip）及其子亞歷山大之出現，則仍可苟安於一時，蓋斐利浦與亞歷山大之武力不獨希臘各國單獨力量不克抵禦，即聯合一氣，亦無法抵制也。蓋政治單位既日趨擴大，而城市國家則不能膨脹焉。

吾人轉而研究羅馬共和之發達，則知其與雅典演進之情形有極相肖似之點。顧一般人往往以爲希臘羅馬完全係兩種不同之文化，而其實則當其原始時期，兩國制度之相同，遠出一般意想之外。至於發達之路線則各不相謀，例如雅典之發達甚速，而羅馬則適反是：地理環境之影響於兩國命運者亦不小，蓋羅馬得天甚厚，而雅典則否。而尤要者厥爲兩國國民性之差別，羅馬人智力迂緩而有恆心，雅典人則特別偏向於提要鈎玄，故亞樸斯兒劇本 (The Acts of Apostles) 中謂彼等「終日別無他事，如非告人以新事，即喜聽人說新聞。」顧兩者雖有如許相反之點，而當其剛登歷史舞台之頃，其制度則互有密切之關係。

關於遠古羅馬王國之事蹟，實爲神祕所籠罩，各種解釋，悉以極少之材料爲根據，故一經抨擊，即致顚仆：其實即羅馬初期之君主究係土著抑係外人，究屬單一的或多數的朝代，均不能確說。惟其政體則爲如希臘同一時代之「荷馬王制，」可無疑惑。在以後數世紀中掌握大權之元老院 (Senate)，當初不過爲一顧問機關，其權之大小視在位君主之個性爲轉移。此種王制在何種情形之下喪失其統緒，殊乏正確之知識，雖神話方面有無數傳說，然無一可資佐證，惟宗教方面遺留之印象則延長甚久耳。此後則有與雅典之「亞康」(Archon) 相當之兩個執政官，起而替代之。此種變動促進元老院地位之鞏固，又因一二野心家企圖建立專制政體之失敗，於是元老院遂成為全國之統治機關。當羅馬政權落於元老院之頃，則其政治演進始與雅典分道揚鑣矣。

羅馬政制在一荷馬王制一消失之後，其最顯著之事實厥為二元政治——在共和時代為元老院與衆議院，其在帝國時代則為元老院與皇帝。安諾德（W. T. Arnold）在其所著羅馬地方行政論（Roman Provincial Administration）中討論第一期之憲法情況云：『迄與漢尼巴（Hannibal）大戰，使元老院成羅馬惟一大權獨攬之政府。元老院者在當初不過為君主之僚屬或顧問所組織之咨議局，至此則一躍而為最高之執政機關。故謂政治應出於國民大會（Comitia）而執政官必有經驗者充之，則羅馬與雅典均不免付之闕如也。羅馬之所以較雅典為幸者，即因其能產生一種新組織，以應其需要。元老院權力之擴張，愈趨於自然而純正，則其法律上之地位亦愈趨於薄弱。於是不幸之二元制乘時而起，——衆議院為法律上之政府，而元老院則為事實上之政府——以致政治一時遂無法推動。元老院之地位，嚴格言之，實屬非法，以致任何煽動家均得以外交或行政事項交付衆議院處理。顧衆議院者，既無持續性，又無專長之知識，更無辯論之機會。是以元老院之統治，苟屬腐敗，則衆議院直無統治之可能；故結果則惟兩權陷於不斷之鬬爭而已。』

要而言之，當戰勝漢尼巴及消滅加太基之威嚇以後，數世紀之中，羅馬實為寡頭政治所統治，其間惟衆議院與保民官不時予以干涉而已。然而羅馬元老院亦如歷史上各種例證相同，當其勢力達於極峯之際，即為其下降之時，蓋在紀元前第二第一世紀之中，對其權威之攻擊，層出疊見，而卒致顛覆。其失墜之原因雖多，然簡而言之，厥爲經濟的與政治的兩種是已。

羅馬之領土既日益擴張，使羅馬由意大利之小城，一躍而爲大帝國之首都，而其地理上便利的地位，又當地中海爲世界中心，故自然成爲極重要之商業中心。在此情形之下，由經商致富而成之新階級，日躋於社會之上層，復因元老院份子，不得經營商業，故其威信，亦漸形衰落。其事幾與希臘貴族政治完全相同，而其惟一之差別卽爲希臘貴族政治之衰落，由暴君進而爲德謨克拉西，而在羅馬則由混亂而入於大帝國之形式而已：其所以有此區別者，理由亦極淺顯，蓋在較小城市所能者，一至包括當時所知世界的大部分之國家，殊無實現之可能也。

由此可使吾人明瞭羅馬元老院權威失墜之第二原因，卽因羅馬領土之擴大，而其政治的價值，亦隨而變動也。近代之代議制度，在古代尚無所聞，故民主政治，惟在區域狹小之城市始能存在。自商業階級形成之後，元老院遂未能包容全國有力之一切份子，而同時羅馬領土之擴大，則有加無已，既無代議制以濟其窮，於是元老院所代表羅馬共和國之勢力，亦日形減低，是以在紀元前第一世紀之中葉，元老院不過代表殘餘之持續力而已。希臘城市國家之崩潰，雖由於比洛潘尼斯戰爭（Peloponnesian War）使全希臘整個力量大傷元氣，而其最大之原因，仍爲外來之馬其頓之侵略，至於羅馬共和國之衰敗，則完全爲內在的原因，其最重要者卽領土之擴張與新興階級之形成。故在蘇拉（Sulla）之勝利與奧格斯特（Augustus）之最後凱旋，其間各種內戰，實不啻城市國家臨死之痛楚也。

其予元老院以最後之打擊者爲凱撒（Julius Caesar），然凱撒不過爲較幹練之加特林（Catiline）而已。且氏在幼時固嘗與聞加特林之革命計劃也。凱撒與雅典之皮西斯特拉特斯相同，聯合一切失意份子——人民，軍隊，藩屬人民及新進者，共同反抗統治階級。凱撒領導各種不滿現狀之份子，達於勝利之境，其才能所表現者堪稱有史以來偉大之人物，縱使在其成功之頃，其本身被人推倒，而其開闢之新途徑已足爲奧格斯特（Augustus）及提伯利氏（Tiberius）漸次遵循矣。當雅典極盛時代，克利安（Cleon）已嘗告其懷疑的同胞曰：德謨克拉西不能統治一帝國；然以一世紀之混亂，已足證明城市國家之制度實爲肇亂之源，凱撒推倒元老院之威權，城市國家雖隨之而滅，然以此使羅馬文化得再延長至四世紀之久。

城市國家之制度，似已隨安湯尼（Anthony）（安湯尼爲當時在埃及之統治者）之帆船於亞克丁（Actium）永遠沉淪矣，然一千年以後，居然復活，且流行至三世紀之久，實爲歷史上之奇聞。而中世紀混亂狀態之下，世界文化惟於威尼斯，佛洛倫斯，與日諾瓦等地，以城市國家制度爲其逋逃淵藪焉。蓋當羅馬帝國之覆亡，野蠻民族之入寇，不能不驅人民重返於有城之市，是以古代希臘羅馬之舊劇，隨而重演於日爾曼及意大利之各市鎮中：直至於今，伯利門（Bremen）漢堡（Hamburg）及盧伯克（Lubeck）諸地猶爲德意志之自由市也。威尼斯與日諾瓦嘗造成如雅典及羅馬同等之大國，但此等新城市國家，固與前例無別，其興也勃然，而亡也忽然。自十五世紀末葉法蘭西西班牙統一之後，政治單位遂再趨於擴大之方面，即威尼斯爲當時之亞德利亞海岸之主人翁，亦感覺其能力不能與哈蒲斯堡（Hapsburg）及伐洛斯（Valois）兩王國並駕而齊驅。然同時歷史家對於中世紀之城市國家亦應予以注意，蓋在文化之火炬有息滅之虞時，每賴以保持其光明也。

吾人對於城市國家所貢獻於現代歐美文化演進。其關係之重要，極難過事誇揚。蓋不但希臘羅馬所發生之政體爲今日流行的各種政體之始祖，且城市國家之歷史實爲現代世界之縮影。在希臘羅馬吾人嘗見三種永久的政體，——君主制，貴族制，與民主制——忽起忽伏，且亦得見其極端之形式，所謂專制，寡頭制，與暴民制焉。自耶教之勝利，奴隸制之廢除以及代議制之採用，誠與古代社會情形大相逕庭，然而今日之人類，其政治上之原則，猶是向日城市國家所採用者也。要之除上述三種之外，更無新式政體之發明，是以在今日猶在二千年以前，人類之所能爲力者僅能使已存在之政體加以變動，而吾人之從事於此業者，城市國家之歷史一方固足爲其嚮導，而同時亦足爲其警鐘焉。

不第此也，在此種文化之下，能產生政治思想家，如柏拉圖（Plato）亞里士多德，西塞路（Cicero）者，即此一端，已足爲吾人虔誠注意矣。對於政治學研究之精審與了解之透闢，亦未有過於此時者，是故城市國家之重要，蓋可知矣。亙古以來，大政治學家如亞里士多德者，嘗終生從事於試驗，其結論對於今日學者之價値，固無減於亞歷山大在位之時代也。其所用之名詞，猶爲今之政治學者所應用，至其結論雖由不同之環境演繹而來，然今之學者或政治家，猶不敢切實否認之。旣如此，則謂城市國家爲今日歐美流行之各種政體之始祖，良用過論也。

第三章　羅馬帝國

由羅馬城市國演進為一大帝國，其外形原無特殊差別，吾人業已略加說明，然奧格斯特戰勝安湯尼（Anthony)後，如何戡定亂源而致治平，其所採政略如何，不能略加研討。早期帝王對於一世紀以來元老院之亂政，以及內戰所遺留之混亂局面，應付之策略，學者必須深切注意。然今之學校每注意於羅馬共和時代歷史之研究，而於帝國時代反形輕忽。誠然，從大體上言，關於早期歷史之研究，固較後期為周詳，且早期拉丁文字亦較為正確，同時關於歷史上之發展，亦較關於組織方面者為有興味，殊不知近代世界，固為羅馬帝國之苗裔，而非羅馬共和時代之後嗣，而況今日所當重視者乃為羅馬帝王政治之原則，而非元老院制度下之政策也。

吾人在研究奧格斯特及其繼承人所採新政策以前，必須一考當時所以造成帝國之環境，因其痕跡直與羅馬帝國同其終始，故於後世歷史，不無影響。

以常例言之，革命之所以發生，每因當日政府不能或不願適應已變之社會政治經濟情形，倘憲法上之規定得隨時變革，則其革命可以和平方式出之；否則，須以大規模流血之代價而後始得實現。羅馬共和國之情形，乃屬於後一範疇，因其壽命已超過適用之期間，非以暴力不能推翻之矣。吾人前已言之，元老院權力之長成，實甚於

「荷馬士制」廢墟之上，而其所以能維持其權力於不隳者，卽因衆議院軟弱無能之故：如羅馬一日不出意大利城市國之範圍，則元老院不難制服國內之政敵，迨乎城市國以征伐之功成爲一大帝國，則元老院不能應付已變之環境，而其所賴以生存之寡頭政治整個系統之顚覆，要不過時間問題而已。總之，元老院政府之失墜，卽因其已喪失其效用耳。

羅馬領土之擴張，實爲致羅馬共和國於死地之主因，其餘若經濟政治之關係，對於帝國之建設，要不外爲領土擴張所發生之結果。領土擴張後，其責任旣日重大，於是發生若干問題，元老院政府無法解決，而寡頭政治遂不能不被專制政體取而代之。如西萊爵士(Sir John Seely)嘗曰：「人民何故以最高權力授之馬流士(Marius)繼續至五年之久乎？最初則因貴族政府鳩鈎達(Jugurtha)戰爭之失敗；其後又因辛布里(Cimbri)與條頓(Tentones)民族對於帝國有迫切之危害也。何故又以特殊權力授之彭沛(Pompey)，其後又擴大而增益之乎？其一爲地中海海盜之膨漲，阻礙商業，使羅京有饑荒之恐懼，其次爲欲克服米斯里德次(Mithridates)，不得不以非常權力授之也。何故又以特殊權力授之凱撒乎？卽因有黑爾勿地(Heiretii)民族，行將侵入之謠傳，其危險一如意大利往昔受辛布里(Cimbric)民族侵入所曾經驗者也。以論因果響應之準確，蓋無過於上述諸例者矣。羅馬之所以採用帝國主義之歷史，簡括言之爲：羅馬政府之權如此不集中，以致任何內部或外來敵人之攻擊，均無法控制。是以羅馬人爲自救計，不能不以求助於的克推多爲最便之計矣。此種事實發生愈多，則共和政府亦愈成無用而遭蔑視，於是人民心理，遂習於軍閥統治而不自覺。蓋此項新政治計劃，屢試屢驗。對於設立之初意亦告厥成功。自帝國成立以後，對內則獲得安全與良好之秩序，對外則戰勝強敵，擴張領域，由龍河（Rhone）以至於多佛（Dover）海峽，復由地中海而達西佛拉底斯（Euphrates）河岸。其利益既卓著如此，則起而替代舊有政府，有何足怪？至人民自由，遂因此而剝奪，然羅馬及全意大利民衆之於自由，固未能了解，亦未嘗重視之者也。」

羅馬藩屬既日形發長，故不能不維持三十軍團之常備兵，同時對於地方人民亦不能不決定相當之政策，但元老院對軍備及地方政策均未能正當處決。凱撒為士兵所推舉，故對於地方問題亦未嘗注意，但地方人民之擁戴，不容輕忽，故稍後羅馬諸帝即有實行以各地方人民補充元老院者。但從邏輯上言，寡頭政治之推翻，仍延至兩世紀之後，加勒加拉（Caracalla）錫予全帝國人民以公民資格時也。是以帝國權力之勃興，實由於軍隊之擁護，此項特性，迄於帝國覆亡之時，依然存在——其實至元老院接受軍隊推舉之人不敢非議，而康士但丁（Constantine）將都城由泰伯河（Tiber）遷至波士佛羅斯（Bosphorus）為止。

假令謂羅馬共和國為元老院與衆議院並立之二元政府，則羅馬帝國亦同為二元政府——當初為元老院與皇帝，其後則為皇帝與軍隊。顧在三個時期中，此二元的政權初未嘗達於平衡之狀態，蓋在第一期，元老院不斷的犧牲衆議院以擴張其權力，在第二期則皇帝每侵佔元老院之權力，至第三期則皇帝失敗於軍閥（往往係野蠻民族之出身）之手，及於最後，則有阿多塞(Odoacer)之推翻奧格斯特拉氏(Rom::lus Augustulus)而西羅馬帝國尋以滅亡。吾人已於前章討論共和時代之政治制度，今請一論帝國時代之政治制度，而帝國時代又得以戴奧克利先(Diocletien)之登極及其改革，分爲兩個天然階段，以爲研究之基礎。

奧格斯特與凱撒之爲人頗不相同，其策略亦每與之相反。奧氏秉保守之天性，極力與凱撒所反抗之份子互相調協。氏但求實權之掌握而不慕虛名。關於民事事項，彼常願投合元老院之虛榮心。其叔父（卽凱撒）慣以命令或威嚇行之者，奧氏則以阿諛手腕出之。其實在奧格斯特在位之任何時期，偶遊羅馬者，頗難認識有若何重大之變化，因奧氏雖身爲皇帝，尙服家庭自縫之衣，且讌會其舊友如平輩。若以安湯尼之倨傲與誇大相較，誠不啻爲一理想的共和主義者矣。奧格斯特之儉樸，出於虛僞者果至何度，而出於天性者又果至何度，固非吾人所能臆斷，但奧氏自始卽深知親自統制軍隊之重要，則毫無疑義。奧格斯特及其叔父均被軍隊護擁而爲元首，祇求軍隊繼續擁護，使得以無關宏旨之事順從元老院也。抑有進者，彼知其地位，如內部有秩序，對外能安全，則可繼續維持。氏之明察及此，故當滑魯氏(Varus)被日爾曼人擊敗之頃，所以焦灼萬分也。奧格斯特態度謙和，行爲勇敢，(Sua Vite in Modo, Fortiter in re) 自幼卽以調和爲祕訣。終其生，未嘗放棄，故奧格斯特所遺帝國權力之雄厚，雖加里格拉(Caligula)及尼羅(Nero)之驕恣無度，亦未十分損傷之。

機本(Gibbon)論羅馬帝國初期政治原則曰：「馬流士與凱撒均自稱爲人民之保護者，而顚覆舊有之政府。一俟元老院之權力減削以後，以五六百人組織之「大議會」代之，較之以前之衆議院自覺易制而爲便於利用之機關矣。與格斯特及其繼承人原以基於元老院之尊嚴而建立新帝國，且一切事項均佯爲聽從元老院貴族之議論與原則，即對於行政亦常咨詢元老院之意見，至於宣戰媾和尤須經其決定。羅馬意大利以及內部各省均爲元老院司法權之範圍。關於民事因爲最高法院，關於刑事則對於人民在公共場合所犯之罪狀，或違害羅馬民族安全與尊嚴之案件，均以元老院爲裁判之法庭。司法權之應用，卒成爲元老院重要之常務；因各種重大案件之訴訟，遂使羅馬辯雄精神得一寄存之所。元老院既爲國事參議機關，又爲司法法庭，其權原屬不小；至於代表人民主權之立法權限，則劃歸大議會。一切權力皆從此等機關所產生，一切法律皆須經其批准。彼等會議之期爲每月三日，即羅馬古曆之月朔（Calends）及「南時」（Nones）（註一）「愛的時」（Ides）（註二）三日是已。一切辯論均極自由；皇帝既以元老院之名義而尊榮，故亦出席表決，如遇兩方人數相等時，則取決於皇帝。

「要而言之，羅馬帝國政府由與格斯特所創造，嗣後諸帝莫不曹守蕭規，至於自身與人民雙方之利益，則深自洞悉，故謂之爲以共和爲形式之專制帝國，誠屬恰切。羅馬諸帝隱寶座於黑暗，藏威權於隱微，且自認爲元老院之臣工，顧元老院之最高法令則一方雖遵之惟謹，而他方則支配之亦惟恐不及焉。」

「羅馬朝廷之外觀，與其行政之方式，極相印合。其間除少數暴君之愚蠢行爲外，羅馬皇帝對於凡易招人厭惡，無益實權之繁文縟節，莫不視同敝屣，故一切生活，悉佯爲與民相同，並與臣民互問休咎，共享燕樂。其飲食起居與好尚，比之元老院之富豪元老無甚軒輊。至其家庭之內，縱使侍從如雲，然亦不外由家奴與已經解放之奴隸充之。彼奧格斯特與特勒將（Trajan）者，莫不羞以最下等之羅馬人供其皇室傭役，然在今日權限甚小之皇家，其家庭與宮寢之傭役，卽最驕傲之英國貴族，且將求之而惟恐不得焉。」

泰伯流士（Tiberius）曾以所承襲於奧格斯特之絨手套中所藏之甲拳，屢次示人，但元老院對皇帝牽掣之力，量消失甚速，而在笛阿克利先（Diocletion）剷除共和國假面具使帝國之立場正式改變之前，此二元制早已不過在名義上依然存在耳。達西特氏（Tacitus）爲裘利安（Julian）與佛拉汪（Flavain）兩朝史蹟之泰斗，達氏對於元老院極表同情，然其生花之筆絕不能使吾人對其主張提高信仰。蓋羅馬發達至此階段，惟有帝制始能維持其生命，至其爲公開的或喬裝的可不過問矣，良以除此以外更無其他機關足以擔負根本的責任也。顧元老院之弱點，直至康莫多氏（Commodus）之被刺，卽元老院選出之皇帝遭蒲托利（Praetorian）衛隊謀害，使整個帝國俱被軍閥拍賣時，始完全暴露之。經此事變之後，卽擁護元老院最忠實之人亦知欲求恢復此項制度，不啻鞭策死馬矣。

同時尚發生一種事件，足以指示帝國命運之前途，——其結果爲阿多塞推翻奧格斯特拉斯，而突厥人佔領君士但丁堡。當駐紮西班牙之軍團慫慂迦爾巴（Galba）圖倒尼羅之頃，已使世人咸知於羅馬之外，亦可產皇帝，迨此項教訓深入人心之後，則國家權力之源泉遂在軍隊矣。此種發展頗有不能避免之勢，因羅馬皇帝類爲軍隊所擁立，而野蠻民族之邊患日烈。故軍隊愈形重要。再者元老院既日式微，衆議院又已消滅，故羅馬帝國中生氣蓬勃之勢力，厥惟軍隊，而羅馬之軍隊，從一種意義上言，亦得謂之爲民主的團體，因其升級方法，係公開的，羅馬人與藩屬人民俱無區別，迨於後期，則野蠻人亦無限制矣。此種事態，如以近世史蹟相比，惟於西班牙求之，西班牙過去百年歷史，設不明該國係以軍隊而非以國會（Cortes）爲代表，則將完全誤解，而在西班牙無數之宣言中(Pronunciamiento)——尤以一九二三年李勿拉（Primo de Rivera）將軍爲最著——其間有若干不徒爲軍閥主張，而亦有民衆之基礎者。羅馬軍隊亦爲對羅馬皇帝惟一有效之抗力，故與西班牙之例正同。

在羅馬帝國最初之三世紀，皇帝之地位，幾與希臘暴君及近世的克推多相等。此種專制，多少自行遮掩，往往因暗殺而稍柔和，至於舊式憲章雖仍保存，而在奧格斯特健在之時，其精神已完全消失，不過不爲一赤裸的專制政體之外套而已。然羅馬皇帝佔有一種優勢爲希臘暴君所無者——即有皇帝即有國家，否則即成無政府之狀態，而此種形勢苟非國家瓦解，即無法免除，若夫希臘之暴君，乃不過爲貴族政治與民主政治間之過橋耳。欲證此言之不謬，請觀任何暴戾之皇帝，一經推倒，除元老院外，鮮有主張舊制之復活者，至於一般心理，要不外另擇一人，苟其統治比之前帝較能容受，即甚滿意矣。良以過去百年間元老院之亂政，在羅馬人心目中猶至新鮮，雖以尼羅與康莫多之殘暴，仍不能激起共和之復興，其故亦可深長思矣。

同時吾人不能忽視者，即羅馬皇帝雖有極大之威力，而亦有其嚴重之弱點，蓋彼等從未敢用王（Rex）之頭銜，而因政治上之關係寧願人民尊之如帝國之化身而不願受神聖的崇拜，殊堪深思之也。此外則羅馬帝位未嘗變為世襲制，卽康士但丁與西奧多夕（Theodosius）之王朝，略有世襲之性質，然不久卽消滅，至於末葉康尼尼（Comneni）與帕利奧羅幾（Paleologi）雖為例外，然此時羅馬帝國因已達最後之喘息，卽世襲制亦不能起將死之帝國於復生也。在此種情況之下，無怪羅馬人民對於任何皇族之崇拜，均不及近世波本氏（Boubons）或斯條亞特（Stuarts）王族之甚。彼聖路易（St Louis）之子孫，雖已失卻法國統治權八十餘載，至今猶有雄厚之潛力，為之運動復辟，而在英倫則至今猶有若干團體，謂巴伐利亞之盧蒲利克（Rupprecht of Bavaria）始為英國國王之正統，而溫德梭之喬治（George of Windsor）無與焉。似此對於舊王室之忠心，在羅馬帝國蓋夢想不到也。機本對於羅馬情形嘗曰：『任何皇帝均不敢自以為帝位安全，而邊境任何野蠻農民，均得覬覦此種極威嚴同時又極危險之地位。』總之，羅馬帝國係一種選舉之的克推多制，惟籠罩一共和之形式，故一切缺憾均緣而叢集之。

自笛阿克利先登極之後，實予羅馬政府以一種新精神，至少在此時期，其理論得與事實相符合。笛氏雖仍保存多數共和時代之官制，然創造一種嶄新之政制，並以皇帝為之主腦，而行政之機關，賴以完備。自是國家之基礎係建築於君主制上之真面目，乃完全表露，而二元制亦因此而淪亡，其後康士但丁竟師其先例，由羅馬遷都於君士但丁堡，以期完全剷除舊有勢力之影響。不幸在此風雨飄搖之時期，一切永久之建設，均為勢所不許，笛阿克利先與康士但丁雖嘗預爲之所，而不冀一種新的二元政府——皇帝與軍隊——又繼之而起，其根本不同之點，即爲向者皇帝日益戰勝，而今則皇帝日趨失敗是以西羅馬帝國自西阿多夕斯之死至於滅亡，其全部歷史無異爲大軍閥廢帝立帝之敍述耳。

其實當君士但丁在位，甚至西阿多夕氏在位時，已表示中世紀之開端，但在吾人未估計羅馬政治對於後世之影響以前，首當加以研究者厥爲當時之日爾曼民族及耶教教會兩種新起勢力之情形是已。

達西特氏（Tacitus）在其所著（De Situ, Moribus, et Populis Germaniae）對於日爾曼民族初與羅馬接觸時之情形，留有不少之印象，日爾曼各民族雖有不少之異點，而其政制大抵爲與「荷馬王制」相同之君主制度，其酋長擁有個人親信之衞隊，在戰時則犧牲性命以護其主，而在平時則大抵賴酋長而生活。苟日爾曼政制不受外界影響，果將如何發展，原不可得而知，但因匈奴人及其他民族之追逐，不能不挺而走險，侵入羅馬帝國之邊境，藉免羅馬人與東方民族雙方夾攻之壓迫：在此種現狀之下，無怪在第五世紀時許多弱小種族，均已消滅，其侵入羅馬者，均應以「民族」爲分類之標準，例如高特人（Goths）汪德爾人（Vandals）及法蘭克人（Franks）等大民族也。當羅馬勢力不能保護其邊疆時，羅馬皇帝遂允許若干野蠻民族之酋長屯駐境內，其條件即爲防禦其他野蠻民族之侵入。此種制度自將鞏固各酋長對於部屬之地位，蓋由酋長之手，取得羅馬皇帝之土地與金錢也，是以羅馬當奧格斯特在位時，或至少在勒溫拿（Ravenna）地方，西歐已發生封建制度矣。

當日爾曼民族由外侵入之際，即爲耶教在內浸潤之時，由此兩種因素遂構成一新天地與當日希臘羅馬人所經驗者迥不相同。機本謂羅馬之覆亡由於接受耶教確否姑不具論，惟因新教之進展，遂造政教之爭，而此種與國家威權相抗衡之事實，在古代固未嘗見者也。耶教之所以傳播甚廣，乃因羅馬帝國維持長久和平之故，是以須經數百年之工作，竟於數十年完成之。關於新起宗教之教義，非本書所應研究，而其對世俗政府之態度，則前已陳述，假定謂當羅馬帝國依然雄立之際，奧格斯特拉氏未退位以前，封建制度即已萌芽，則謂斯時已種政教紛爭之種子，使後世人類之生活發生極大之影響，固同爲確論也。

西羅馬帝國之覆亡，蓋因執政者不能控制諸侯（Vassals）而諸侯與皇帝之爭，卒爲諸侯所戰勝，至於東羅馬帝國其壽命更延長千有餘年，直至君士但丁堡被突厥人（土耳其人）所侵佔而止。東羅馬帝國對於現在歐洲政治原則，可謂毫無影響。自西羅馬帝國之衰落，內則耶教教義之異軍特起，外則伊士蘭（Islam）之勃興，均足使東羅馬帝國感受壓迫，迄乎時日既久，則其結果無論從外表或內質言均愈趨於東方化矣：其實東羅馬帕里阿羅格（Paleologus）王朝與阿斯門（Osman）王朝在行政上所採之原則相去固不甚遠也。東羅馬帝國對近世之惠賜有二——其一爲羅馬法之編爲法典；其二則當土耳其人所向無敵時，賴之以保全歐洲，但關於政治之發展，除遺留巴爾幹民族以無窮陰謀與腐敗，至今尚無法滌清外，直毫無影響之可言。吾人欲知羅馬帝國對於現實政治之影響，則求之於西羅馬諸凱撒（皇帝）而不當求之於東羅馬諸凱撒也。

桂卓特（Guizot）於一世紀以前，在蘇邦尼（Sorbonne）演說近代文化之進步，其說即在今日仍不可忽視之，其言曰：『吾人於地方制度得見羅馬文化所賜予近代歐洲之遺惠；此種制度比之曩時，自較雜亂，軟化而低劣；然而惟此制乃爲眞能超越其他各種羅馬制度遺留於後世者。

『予謂惟此一端，予固謬矣。蓋倘有一種事實，一種觀念，亦同屬存在也；此無他，即帝國之觀念，皇帝之名稱，與乎與皇帝名稱相聯系之皇帝尊嚴，絕對神聖之權力是已。上述諸元素，即爲羅馬遺傳於歐洲文化者；一方爲地方制度之習慣，規則，成例，構成自由之原則，而在他方爲統一之民事法制，皇帝之絕對的神聖的權力，構成秩序與服從之原則。』

關於帝國觀念之重要，吾人將於討論神聖羅馬帝國時，再爲陳述，至於地方制度之雄厚勢力，以及因之而致城市國家之暫時復興，固前已揭示，第從政治原則方面言之，則承襲諸凱撒之遺產者，實以教會爲最顯著也。宗教雖不時受人類之崇信，然吾人在此固不必詳究其發展之方式，——此種任務蓋爲神學史家之責任而非世俗史家之範圍，——但欲了解爾後數世紀之政現象，則對於在羅馬帝國廢墟之上建築之耶教教會，殊未能完全蔑視之，霍布斯不嘗云乎：『教皇者無他，即羅馬帝國身後之幽靈，席於其墳墓之上而加王冕耳。』

教會政治具有當時世界之印象，乃屬自然之趨勢。此種信仰之中心，幾悉由耶路撒冷驅而之羅馬，因當時巴勒士登政治上之紛亂有以迫之，而尤以提特斯（Titus）之遠征爲其最高潮也。迄乎教會在帝國都城建立其基礎，於無意中採取國家之組織，其大教主與教主遂與帝國總督所在之城市，同時設立。而當耶教正式成爲國教時，則教會之牧師遂與民事長官並行設立，且在野蠻民族侵入之前，民事長官既已消滅，惟牧師則孑然猶存。假令帝國依舊存在，宗教與現實政府是否行將發生衝突，抑或前者是否對後者依然順從，本難斷言，但西羅馬帝國覆亡以後，惟教會依然存在，具有羅馬帝國同樣形式之政治組織焉。

而在他方，教會與覆亡之帝國極端相似，必須照料當時之一切，幸教會設法，使戰勝民族由邪說異端變爲耶教教徒，以怯其殘暴之野性。如法蘭克人克洛維（Clovis）之受洗禮，與維西哥特人李加德（Rercared）之接受正教，此等同化工作既已完成，則耶教遂得暢行無阻矣。自是以往，遂形成神聖羅馬帝國與神聖天主教會鬬爭之舞臺矣。

（註一）Nones 爲羅馬歷法中 Ides 前之第九日。

（註二）Ides 爲羅馬三、五、七、十、諸月之十五日，及其他各月之十三日。

第四章　中古世紀

西羅馬帝國之覆亡，固爲世界史上最重大事件之一，但欲知其意義之重要，須知與格斯特拉斯（Romulus Augustulus）之退位，在當日視之，其意義遠不及後世眼光上之重大。由今觀之，固知其爲一個時代之終結，而在當時猶不過以爲羅馬帝國已不復需要兩個元首，且以爲齊諾（Zeno）與其後繼得於波斯佛洛斯（Bosphorus）之新都統轄東西兩方。要之，在理論上以爲係與格斯特拉斯禪位於君士但丁堡之皇帝，而不知實際上襲其位者乃爲黑爲里王（King of Heruli）阿多塞也。羅馬帝國壽命旣久，故雖早已成爲過去之產物，而遲之又久始爲世人所察覺，至其威信，則至於今猶未完全消滅。在中世紀羅馬之流風餘韻，往往存在，而其思想與政治，尤受羅馬極大之影響。

自西羅馬帝國覆亡迄美洲之發現，與民族意識之勃興，以改造成今日之世界，其間千有餘載，在歷史上確成爲界限分明之單位。在此時期，不但羅馬政治理想與侵入羅馬之日爾曼民族所攜來之理想互相衝突，卽政府與教會之間，亦起糾紛。關於政治體制，因除君主制，貴族制，民主制，及其極端的體制之外，別無其他政體可爲試驗，故一仍其舊，但以耶教之繁盛，與封建主義之發展，產生無數新因素，致使對於此種政體之應用，不能不與古代稍異其趣焉。

在政治上之術語，最爲人所誤解者，無過於「封建主義」一名詞。一般不負責任之左傾政客與記者，每用之一切爲彼所反對之事態，而在盎格路撒克遜民族各國，對於所謂封建的殘餘之習尙或制度，尤易引起輿論之反感，正如權利階級對於一切急需之改革主張，一經目之爲波爾雪維克，卽易引起羣衆之反感；斯二者驟視之似了不相涉，其實則關係甚爲密切，蓋封建主義與蘇維埃主義之起原極爲類似，二者均以經濟爲基礎，而非以地理或政治爲基礎，同時又均主張各個公民在社會上各有一定之地位，故二者無意中又與汎槃主義相雷同。且封建制度恰與一般信念相反，實爲由下而上，而非由上而下者。第五世紀時，羅馬政府崩潰，使各省人民必須自覓保護，但四五百年以來，向在中央集權之強固政府下平安生活，遂使人民喪失其自信能力，故其自然趨勢，卽爲高盧(Gaul)西班牙以及其他藩屬之人民，不得不單獨或聯合求一強有力者爲之保護，而同時以服務爲酬報；此種保護人惟得於新來民族之酋長中尋之，蓋自羅馬末年之皇帝，授以防禦其他民族侵入之職責以後，對其部屬控制之能力，業已十分鞏固矣。是以封建主義之存在，實因環境關係，自然而然者也。

吾人往後將見封建制度非爲純粹的一種政體——從好的方面言爲貴族政治，從壞的方面言則爲寡頭政治——乃係自成一種文化，純以事實爲基礎也。蓋文明民族之需要安全，無過於羅馬帝國已成虛名之時，加以匈奴(Hun)丹麥人(Dane)與阿拉伯民族在羅馬統治已久之區域肆行蹂躪刼掠；而各地交通均經破壞，使精良統一之羅馬路政，非俟鐵路發明，不克恢復，是以任何集權之政府，悉成泡幻，在此情況之下，無怪各地方人民，均以羅馬軍團之離去或解散而毫無保護，必須與其有保護能力之鄰居協商自衞之方矣。此種情事，猶得見之於今日，惟其名目則異耳。有時因某種關係，警察能力不足以維持治安時，亦有商人或農民，自願納貲予一有力之幫夥，以保護其財產。此種辦法，近年來發現於美國城市者已數覯不鮮，愛爾蘭變亂之時亦然，若夫南美地廣人稀之諸共和國，則本地人與外國人，莫不同採此法焉。自西羅馬帝國覆亡之後，此種制度之應用，極爲普遍，於是發展而成封建主義。古往今來，任何一種制度之崩潰，皆因其不復適用，而其地位遂由以現狀爲基礎之另一制度起而代之。封建主義之在今日，固不免負有惡名，然當其肇端之始，則除無政府之外，不得不由之路也。」

封建主義之基礎，卽爲自君主以至農民，各個人在社會上均有其固定之地位，故一面爲社會的制度，而同時又爲政治的制度也。同時吾人於討論中世紀代表原則時，則知其代表制乃以團體爲基礎，將個人歸納於經濟團體，而行政卽藉此等團體以行使之。封建制度之優點在於社會能保障個人（近代國家亦開始擔負此種責任），至其弱點則爲個人不易跳出固有之階級：惟教會則以機會均等爲口號，故中世紀多數賢能之士，皆由教會產生之。封建制度惟在靜止的生活狀態中得以流行，迄於十五世紀，事變以來，使人類復趨於動態時卽漸行崩潰矣。要之，第四五世紀之民族播遷，原爲羅馬獨霸已久之自然結果，故中世紀之靜止狀態，則爲對於以前騷亂之反動的表示，其最顯著之標幟，卽封建主義是已。

通常之錯誤，每以爲封建制度在歐洲普遍流行，倘吾人如持此見解，則不免對於爾後之情事發生謬解。封建主義在英格蘭法蘭西日爾曼以及耶教之西班牙，潮流最強，浸潤至廣，民族生活，濡染甚深，此外則但具皮毛，關係甚淺也。其在愛爾蘭蘇格蘭，則除諸低地外，亦未嘗接觸，至於今日之比利時，各城市自衞能力極爲堅強，彼封建諸侯亦無法克服，例如一三〇二年根特(Ghent)與不魯色斯(Bruges)人在可特勒(Coutrai)地方擊退法蘭西騎兵隊，可爲證明也。意大利亦然，除納普爾斯(Naples)外，各城市國家勃然興起，造成其自由生活，不畏外來之侵犯。至於移封建政治與社會生活於希臘巴勒士登之企圖，其成功之度各有等差，而東羅馬帝國亦有一時期曾受封建主義之洗禮。從全部立論，斯制不適於徙植，惟於自然發生之地，始得發榮光大，其惟一例外，則爲南法蘭西，該地各城鎮悉被亞爾比堅(Albigensian)十字軍之西門(Simon de Montfort)所破壞，強行施以封建制度，此外則其力量但於上述四國中存在之。

中世紀時與封建主義相反之另一偉大制度，厥爲神聖羅馬帝國(Holy Roman Empire)，神聖羅馬帝國者，福祿特爾(Voltaire)謂之爲「既非神聖，亦非羅馬，尤非帝國」者也。吾人今日對於西羅馬帝國覆亡後數世紀之人類心理，原不易了解，而當時之人對於西羅馬帝國覆亡之事，絕未充分把握其意義之重大，當時論者以爲奧格斯特拉斯之退位，乃在君士但丁堡之皇帝之節鉞之下，重行統一羅馬帝國，而在鳩丁甯第一(Justinian I)與黑拉克流士(Heraclius)當國之日，此論幾將成爲事實：意大利，阿非利加，米索不達米亞以及大部分之西班牙，均以次由野蠻民族與波斯人手中收回，在此極短時期，羅馬帝國之光輝，幾與其初期相等。然不久阿拉伯及龍巴德(Lombardy)旋遭喪失，及於第八世紀，君士但丁堡之皇帝對於西羅馬帝國不過徒擁虛名而已。顧羅馬帝國猶爲代表秩序與安甯之象徵，故無怪當時最偉大之人物，如法蘭克之查理士(Charles)，決意重行建設之也。蒲萊斯(Bryce)嘗言：『視羅馬帝國爲世界秩序的必要條件之觀念，猶未消滅，卽嘗進行推翻羅馬帝國者亦咸承認之；而教會則撫育之，法律習尙則回溯及之，至於藩屬之人民，則尤爲愛惜，蓋追惟疇昔因有和平與秩序，縱使爲專制，而其威毒固減輕不少也。』

假定封建主義爲代表離心力之運動，則神聖羅馬帝國之建立爲促進歐洲之統一，往後吾人將見其完成教會未竟之工作。查理曼(Charlemagne)之加冕，固爲突進之步驟，但由此而達於將來無數衝突之途徑矣。查理士爲奧格斯特(羅馬皇帝)之承襲人，彼未嘗不速謀權力之擴大；但以東羅馬之帝冕授之法蘭克君主者，乃出自教皇之力，故不久教會方面之意見，以爲教皇既有立君之權，則當然有廢之之權。蓋此時距遮查理氏(Zacharias)卑恭屈節，籲請東羅馬皇帝批准其當選爲教皇，與夫哈得利安第一(Hardrian I)在康士但丁第六(Constantine VI)之御前，低首下心，囁嚅稟奏之時，相隔已遠矣。帝國之恢復，在一方面固爲力求歐洲之統一，而在他方則爲促成世俗政府與宗教政府間之正面衝突。

凡欲對於中世紀，尤其對於神聖羅馬帝國之概念得一正確之了解，須知在中世紀整個時期，對於政府之觀念，與流行於古代，及文藝復興宗教改革後所採取者，其道極不相同。蒲萊斯（Bryce）對其情形嘗妥爲綜說之，其言曰：

「中世紀者苟與以前或以後各時代相比對，幾全屬非政治的。凡古代共和國以及吾人所習知之觀念，如公共幸福爲國家之目的，人民之權利，各種政體之利弊等等，在此時期，雖在實用上，亦間有無意之表現，而在理論方面，幾全無所聞，至一般人民則直不能領會之也。此時應運而生之惟一偉大的世俗制度即爲封建主義，然封建主義者原爲社會與法律之制度，其爲政治制度，蓋不過爲間接之結果而已。人類腦筋雖極懶惰，而在某方面卻又異常活躍；其於人與人之關係尤不能不有相當之概念也。然關於人與人的關係之概念，既非從現實情況之表現，更非以科學方法從過去歸納而來；此等概念半爲沿襲已往帝國法律政治之楷模，半由演成繁瑣主義的形上神學之開展。其結束古代與垂諸後世之兩大觀念，即一爲世界帝國，一爲世界宗教耳。」

其實神聖羅馬帝國之理論，與其實際相去甚遠。在理論上所謂神聖羅馬帝國乃凱撒與奧格斯特所建立之帝國，自康士但丁由意大利之都城遷至波斯佛洛斯（Bosphorus）（即由羅馬遷至君士但丁堡）後，以查理曼之加冕，重行遷回至羅馬之謂。皇帝之實權，雖未加以規定，然認之爲一切耶教王侯之首長。以皇帝及兩個元首共同統治的耶教天國之理想，誠爲一極偉大之理想——亦許爲世界上空前之崇高理想——惜與事實相距太遠耳。查理曼確爲歐洲偉大之偶像，然其致此之由，因其爲羅馬皇位承襲人之關係尚小，而因其擁有法蘭克兵隊之關係極大，而在此一點，查理曼遂爲後世樹之先聲焉。此後之皇帝——不問其爲撒克遜或何恆朝芬（Hohenstaufen）或哈布斯堡（Hapsburg）——悉以世襲之版圖爲支持之根基，而不求虛名之尊嚴，及乎年湮代遠，所謂神聖羅馬帝國者，除名義外，他無所存矣。卒之法蘭西士第二（Francis II）於十九世紀初年，舉奧格斯特及查理曼所遺傳而來之帝冕，自動廢棄，而用奧大利皇帝之頭銜，於是使事實與理論重相符合，蓋神聖帝國固早已殭死，直至此時，始正式安葬也。

事變雖多，而帝國之觀念，從未爲人類理想所遺亡。自法蘭西士第二宣佈舊帝國之死刑後，另有若干新帝國繼其後塵而起伏興衰。在過去四代（Generation）之中，除彼得格列（Petrograd）與蘇菲亞（Sofia）之克沙（Caesars）之帝國不計外，其嘗試驗帝國政治者，有法人二，墨西哥人二，巴西人一，日爾曼人一，與奧大利人一。底斯拉里（Disraili）使印度成爲帝國，而以英王爲之皇帝，（但英國皇太子爲衞爾斯儲君，而非印度帝國之儲君）而大英帝國則無皇帝之尊號，至於鷹鳥（代表帝國意義之鳥）則又爲北美合衆國，德意志以及其他若干小國之國徽。不特此也，汎繫主義之意大利，實基於羅馬傳統之上，且謠言所播，不久且正式恢復羅馬帝國之名稱。要之奧格斯特成功之多，誠非其始料所及也。

再論中世紀視爲與神聖羅馬帝國對立之組織，所謂神聖天主教會（Holy Cathoric Church）者，則知其爲至今依然流行之組織，至其是否能保持人類精神上之信仰，可不問也。吾人於此，對於宗教政府之問題，如教皇在教會中權力之發展，以及教皇之百無一謬，均不必加以討論。吾人前已言之，中世紀之文化觀念，以爲世間應有兩個首長，卽教皇與皇帝但此種觀念之弱點，卽在於實際政治之應用，蓋何者屬於宗教，何者屬於世俗，極難決定之也。當初教皇因授查理曼以皇冕而擺脫君士但丁堡之羈絆，卽甚滿足，但第十世紀時，西歐各國除回教之西班牙外，混亂異常，故自衞一端實爲各個人各組織之惟一急務。其後秩序漸復，教會遂自覺其地位最爲鞏固，而帝國勢力比之查理曼與阿圖第一(Otto I)時代遠較衰弱，且各國君主均賴宗教力量以維持其政府與行政，加以教士爲當時惟一之知識階級，其道德上之影響及於無知羣衆，尤爲重大。在此現狀之下，無怪教皇欲以中世紀關於教會之理論見諸實事其理論卽在對於查理曼之加冕，所謂康士但丁之讓位以及教會僞造之令詔（雖在當時並未知其爲僞造）之解說爲基礎，於是開始與政府實行衝突，此種衝突至於今日固早經了結矣。

同時有一種論斷，謂歷史家對於中世紀教皇所採之策略，未嘗秉公批評，關於此點本難避免。吾人對於宗教與國家衝突之觀察，覺前者顯然居於壓迫者之地位，但爲教皇辯護，亦得謂僅在維護宗教之權利。猶查理士第一(Charles I) 未存心侵害衆議院之特權，喬治第三(George III)亦未存心壓迫美洲僑民，故二人均自信因對於危險叛亂份子之襲擊，不得不維持其固有之現狀，故教皇大抵亦除衞護教會既得權利，以防政府侵犯外，別無用心。然例外自亦不免，如邦尼佛斯第八(Boniface VIII)者，依海蘭(Hallan)之言觀之，當其在一三〇〇年五十大慶時，『御帝王衣冠，而置二劍於前，以示其握有世俗與精神兩方面之統治權。』但彼之所爲，不過爲沒落時期之驕侈行爲而已。至其前輩之動機，則迥不相同，而遠較純潔也。如在公平的立場上，則最頑強之新教徒或反宗教者，均不能判教會爲有罪。自羅馬覆亡以後，數百年混亂局面，文化猶能保存不斷者，皆爲教會之力，而教會之視世俗國家，亦若今日通常歐洲人士之視中國耳。教會與國家對於『凡應屬於皇帝之事，歸之皇帝，而應屬於上帝者歸之上帝』之神聖詔示，均一致接受，然究竟何者應屬於皇帝，而何者應屬之上帝，其界線如何劃分，始終未能同意，惟至今日，經過長久之紛擾，始得決定一妥協方法也。

政教紛爭原爲新起之事實，其在上古，則教會與國家本爲一體，故在古代實未前聞。教士與立法者之職責，分離已久，故二者本爲合一之事，近代人士已夢想不及，然在人類古史中，固確爲如此。甚至有時國家元首幾忘其世俗之責任，而專注意於宗教，於是政府變而神權機關，而在耶教誕生以前，任何政教分離之建議，不啻如癡人說夢，其理由無俟遠求也。方在遠古，一族之神巫乃爲全民族之主腦，如有反對神巫或其臣工之行爲，即不啻自殺。設與鄰國開釁，則本族之神與鄰國之神同時宣戰，苟無神威協助，則一經開釁，立見敗北。在較大之古國，如亞述，巴比侖，波斯，甚至如羅馬，其宗教多至數十種，然其中無一能發展以至變爲政治之威嚇者。當時確亦有國教之存在，但皇帝即爲大教主（Pontifex Maximus）——即此並不妨礙對於其他宗教之信仰，如亞歷山大席維羅氏（Alexander Severus）之所爲——故不致發生雙方權力之衝突。假令大不列顛羣島，英王即爲康特伯利之大主教（Archbishops of Canterbury），兼蘇格蘭教會之會長（Moderator of the Church of Scotland）之教皇，更何有發生爭端之可能乎？在耶教回教降生以前，除耶路撒冷破壞後之猶太教以及色爾特人（Celts）之德魯底教（Druidism）外，鮮有在國內國外獲得共同信仰者，是以近代天主教與國家之爭端，實不成爲問題。

中世紀教會與國家之紛爭可分爲兩方面言之：其一爲教會與帝國之爭，而教會勝；其二爲教會與民族王國之爭，而民族王國勝。神聖羅馬皇帝親蹕康諾沙（Canossa）者，固嘗有一人，但教皇之由羅馬遷至亞維格南（Avignon）實被法王強制執行，於是在所謂巴比侖俘虜（Babylonian Captivity）期間，篡奪一切，再加以大分離運動，而達於宗教改革之途徑，卒致國家獲得最後之勝利。羅馬之兩大承繼人中，中世教會遠較中世帝國爲強，故交綏之第一回合，教會大奏凱旋，然英法各王國，乃代表方興之勢力，教會對之遂着着失利。自是以往，教士之特許權，一一剝奪，而教士之特免權，亦漸次廢止或減少，迄十五世紀開始，教會地位，較之數代以前衰弱多矣。往者亨利第四（Henry IV）嘗御毛衣，赤足候立康諾沙之雪庭中；今以邦尼佛斯第八（Boniface VIII）之騎於驢背，而尾游街，而法兵復沿途以汚物擲之，故其恥辱已早湔雪之矣。爾後政治理想發展之障礙悉已清除，此後政教權限問題，雖仍不時發生，但其結果則勝利終屬之政府焉。

除帝國觀念之外，吾人倘憶桂卓特（Guizot）嘗引地方制度爲中世紀承襲羅馬帝國遺產之一，而從各種關係上言，中世紀之城鎮，實爲與古代相連續之關鍵。意大利之若干舊城市，竟發展爲城市國家，而法國之南部，苟非因西門（Simon de Monfort）之征服，均有成爲城市國家之可能。然法國南部各城市，遠不及威尼斯，日諾瓦，與佛洛倫斯之自由，足以引起研究中世紀者之注意，因其在封建化較深之國家發生也。城市國家各有其歷史之根基，至於英法西各國之城鎮，實具中世紀政治之一體因素，而爲附後憲政發展之偉大力量。羅馬帝國之各省行政，實以地方自治爲基礎，故羅馬帝國雖亡，而地方制度則猶存在。從若干例證言，而尤以大不列顚爲最著，新舊城鎮之居住，往往不能繼續——即如倫敦亦有一時期幾無人烟——迨中世紀之末年，各城市遂日形重要矣。

至其起原殊不齊一。有從希臘或羅馬之遠祖緜延而來者，亦有因城堡或諸侯采邑而發生者，此外更有爲防禦邊疆或保護征服地域而建築者；及乎時日既久，各城鎮均變爲以商業爲共同目的；因經營商業之故，城市遂在封建制度下獲得重要地位矣。在此時期，市民因向貴族要求社團權利之特許狀，互相爭扎，正與近代工人要求工團權利之爭扎相同，而其結果城市公民眷着勝利。迄於十五紀末年，城市遂取得與貴族主教同等之發言權，即此一端，已足證明商業地位之重要矣。

吾人再以中世紀政治原則之應用觀之，則知個人關係甚小，而社團關係則至大。近代學者對此一端，異常忽略，對於由中世紀傳襲而來之組織以爲至今毫未變更。不知形式上雖或相同，而精神則大異。今日英法美各國無論男女均以地域劃分政治團體，然在中世紀乃以職業而非以地方爲代表之單位。但此問題已非如十年前純屬天經地義矣。蓋大國如俄意與西班牙等，已與法國革命以還之政治原則背道而馳，且各自尋其出路，轉而趨於以社團爲本位而非以個人爲本位之政治途徑；換言之，即視人類爲經濟的動物，而非狹義的政治動物也。是以中世紀之代表方法，不獨具有歷史上之興趣，且此種已經改革之事實，或將重演於來日。吾人欲將各國所行制度，盡行探討，自嫌煩瑣，但以英法西與瑞典之制度略加研究，即能解明中世紀之代表制度與歐戰以前各國所採用者相差之點矣。

就上述四國中之英國而論，吾人毋庸對於英王約翰（John）及亨利第三（Henry III）召集之議會，討論其各種糾紛問題，可即從一二九五年召集之模範國會說起。在此會議中，所有貴族及高級僧侶一律出席，此外則有下級教士之代表，武士則每郡（Shire）二人，至各城市之代表人數不等，大抵為二人。用此方法，全國各方面均有代表出席國會。其後不久下級教士均自願出席國民大會（Convocation），此為證明由職業代表而趨向於地方代表之第一步，故職業代表制為其最初之基礎，固極昭彰也。當愛德華一世（Edward I）時，總共僅有三種重要職業——農民，商人及教士——此三種職業均有代表出席模範國會。地主方面則由貴族及各郡之武士代表發言，其實力之大，可於愛德華一世擬徵收直接稅一案見之；工商業界則各城市代表發言；至於大主教，僧正，以及下級教士之代表，則均在教會立場為其利益辯護。設有謂其不當分為鄉村與城市區域者，則答之曰在此時期，此種劃分既為經濟的，而同時又為地理的，蓋當時交通不便，行旅維艱，倫敦商人斷不能如今日之能居住於鄉村地方，例如侯特佛郡（Hertfordshire）或蘇色斯（Suasex）等地，距其商店至五十英里之遙也。

再論西班牙，其原則亦同，代表制之採用，較英國略早，若在納滑里（Navarre）地方，則可回溯至於十二世紀四十年之左右。葛科琪（Don Antonio Goicoechea）爲西班牙近代之大思想家，對於該國中世紀國會之基礎，頗有可靠之論據，其所著（El Problema de las Limitaciones de la Soberania en el Derecho Publico Contemporáneo）一書中云：『中世紀西班牙視國會代表制中之社會原則爲其整個生活之要素，雖有單獨自由之個性，但以全部生存爲前提。』如將西班牙王國之情形，略加研究，益足證明與英國同一時期之制度相彷彿。其在勒安（Leon）地方，自一一八八年以來，城市代表已與貴族及教士之代表分庭抗禮，至於加士底爾（Cast-ile）則實行略晚。若夫亞拉貢（Aragon）之國會，則由四種階級（Brazos）組合而成（卽貴族，武士或有土地之紳士，教士及城市與大學之代表）。然須稍加注意者，卽貴族必經國王之特詔，非一律得參與會議也。在迦特龍尼（Catalonia）其組織亦同，惟僅有三個階級而已。而華倫西亞（Valencia）則與迦特龍尼完全相同。各王國國會之組織，雖有差異，然均如英國之巴力門，全國各方面人民均有代表權，且其代表係以社團爲單位，固顯而易見焉。在此時期，絕無他種觀念之流行，卽此後數世紀，亦未見新觀念之產生。至於十九世紀之國會，除名目相同外，與中世紀之先例全不相同，因其以法國革命之原則爲基礎也。總之在歷史上絕鮮根基，職是之故，所以五年前政變時，遂不費吹灰之力，卽墜於地矣。

中世紀法國之國民會議（State-General），其權不及英國巴力門或西班牙可特茲（Cortes）權力之大，但其代表產生之原則無二。當斐立浦四世（Philip IV）與教皇抗爭之際，決意取得全國國民各階級之擁護，於是召集教士或平民中之地主親自出席，如因故不能出席，得委托代表參加，此外則有各教區各寺院各大城鎮之代表：惟農民則無代表，或許以爲地主可代表全農業利益也。故其代表之產生方法，亦係以團體與階級爲根基，以視英西兩國初無二致。

其在瑞典，所謂利克斯德（Riksday）在百年以前，猶分爲四個階級——貴族，教士，自治城邑之代表與農民——各自分別討論，惟不久以前，始正式採用近代民主之觀念。各階級由發言人（Talman or Speaker）統率，而發言人之選舉，係於每屆議會行之，惟大主教爲教士之當然發言人。當四個階級開會時，由貴族發言人主席，彼同時又爲選舉委員會之主席，選舉委員會者，實全國行政之推動機關也。選舉委員會由貴族代表五十人及其他三階級之代表各二十五人組織之。由此可見瑞士所採之原則與英，法，西三王國亦如出一轍。

今日歐洲各國政治之基礎，其精神與中世紀之制度，全異其趣，即在形式上，除英國外，無一現存或剛廢之國會制度——英國與其他多數國家組織頗不相同——而能迴溯源流於中世紀之模型者，即就英國而論，其形式之保存，亦由犧牲其精神而來。英國舊憲規定全國各階級均得選出代表出席國會，但在今日則實際情形，業已大異，大抵因生活日趨複雜，故一郡之選民與一市之選民，殊無實質上之區別。此種變化於上議院尤易看出，當初包括大地主大主教，僧正，而今者則吾人不知貴族中究有幾人擁有土地，而僧正則自宗教改革以後，已經消滅，至於大主教之得出席國會者爲數極少，且彼等之出席，係代表宗教全體，而非代表惟一之國家教會。如吾人欲於此處一究目下主張職業或經濟代議之理論，則篇幅太嫌冗長，但吾人必須切記者，卽中世紀各種議會，乃基於與今日流行之原則迥不相同者耳。

吾人苟欲估計中世紀對於近代文化貢獻上之價値，必須剷除一切偏激之成見。當過去之一世紀中，對於中世紀觀念發生一種強烈之反動——卽從浪漫主義運動開始成熟之時起——而當時一般人之態度，可以佛洛德（Froude）之名言概括之：『現在一切（指中世文化）已成明日黃花，吾人與吾英之先輩，其間有神祕之鴻溝，雖歷史家生花之筆，亦不能爲之溝通矣。此等中世文化將永不爲吾人所採用，卽吾人對於中世文化之想像，亦但能隱約見及之。吾人惟於天主教堂之廊廡，或凝視墳墓中默默之形像，得想見此等人類生時些許模糊之概念；抑或如禮拜寺之鐘聲（禮拜寺者中世紀特殊之創造也）猶爲此已沒落之世界發出回響，不時觸及於吾人之耳鼓而已。』

然在他方則近年以來，對於中世紀之興趣，忽有復興之趨勢，此種趨勢，在英格蘭尤較歐洲大陸爲甚。歷史家如柏洛克（Hilaire Belloc）對於以前作家之謬誤糾正不少，而英國教會中之英格路天主教（Anglo-Catholicism）之發展，對於復興中世紀傳統觀念之運動，厥功尤偉。其在歐陸，則西班牙之執政府，對於地方應仿效中世之先例，提倡尤力；至於意大利則墨梭里尼（Signor Mussolini）且已恢復城市總行政官（Podesta）之名義。往者以爲吾人之祖先無一可爲師法，此種觀感，現已消除，且令人漸知近世趨勢，行將陷於絕境，故爲未雨綢繆計，以爲應從向被輕視之中世紀，搜求一二教訓，藉資借鏡。是或如鐘擺之動盪過度，是以發生詆毀近世而讚揚所謂中世紀之新趨勢；事雖如此，然吾人必須俟其早遲達於平衡之後，乃能確知中世紀垂訓於吾人者果何在也。

假令謂中世紀之腦筋，不論從古義或今義衡之，均爲非政治的，但從政治的小節目觀之，固較通常人之想像實在多矣。至於教皇與皇帝共同統治世界之理想，固未嘗見之實事，而國家行政乃係以經濟爲基礎之封建制度行之。各個人均其職業享有社會上固定之地位，迨乎情形安定，代表制勝利之後，乃係採用團體代表之原則。中世紀之生活，其理論與事實極不相符，但不久即放棄理論，而根據事實形成制度，此種制度，即至今日猶有存者。

總之，二十世紀者，其制度繼承中世，而其政治思想則祖述古代焉。雅典之國民大會與羅馬之元老院，其在今日，不過仍存其名，而英法美諸國之政府，其根源不在流行於亞克洛波里（Aeropolis）或泰伯河岸之制度，而係盎格路，撒克遜，法蘭克諸民族，其文化程度，由希臘羅馬人視之，直與野蠻民族相彷彿，備極艱辛演化而成者也。英格蘭西班牙之君主，對於羅馬帝國之光榮，絕不予以追維，但於魯莽之酋長，如色的克（Cerdic）與皮勒育（Pelayo）者，則低徊景仰之。若夫中世紀之思想，乃屬學者研究之對象，而非政治家之楷模，蓋政治學者之所當悉心研究者，乃爲亞里士多德及其他希臘思想家也。吾人偶讀鄧斯可托（Duns Scotus）或亞昆納斯（Thomas Aquinas）之著作，不啻置身另一世界，故於此點，吾人必須同意於佛洛德而不敢附和柏洛克矣。至於古典派之著作家，則反與近世有奇特之連鎖焉。由是以觀，現代政府乃係古代之思想與中世之事實聯合而孕育者也。

第五章　開明專制

中世紀之終結，亦如羅馬帝國然，初非突如其來者也。蓋當時既無巴士底（Bastille）獄之暴動，縱使已達最後喘息，猶不易察覺其已完全毀壞，且僅知此時代之大概，頗易使人流於錯誤。前言封建主義爲一種文化，而非僅爲一種政體，故非俟其所依之柱石一一崩潰，不得謂爲已成過去之事實。中世心理視耶教天國爲上帝在世間設置之王國，由教皇與皇帝兩個元首統而治之，故必須俟此種理論完全隳敗，而後新紀元乃能開始。迨哥倫布（Columbus）證明大洋之彼岸另有一新大陸，及科伯尼（Copernicus）證明當時人民所知之世界，不過爲多數世界之一，再加馬丁路德（Martin Luther）於教皇主教所倡教義之外，闡明其他解釋之後，中世紀社會基礎，遂如經地震一一顚仆，而新時代亦緣而開始矣。

最初影響於政治上之變動爲關於政治上之應用方面，至其制度則仍有繼續存在者。惟此種舊有制度，猶舊瓶必須注入新酒，然後始有新生命，故新時代由是而開其端。此新紀元所採之制度，如與以往或以後之情形衡之，莫如名之曰「開明專制」（Benevolent Despotism 此二字直譯之爲仁惠或慈愛之專制，但譯者以爲不如譯爲開明專制較爲適宜。）最爲恰切。中世社會除十字軍時期之外，實爲靜止的，迄美洲發現，民族意識之滋長，反動乃起，而身心兩方均極活躍，形成有史以來人種最顯著之特徵。在此變動之前，政府機關能力異常薄弱，其自然之趨勢，爲各君主集中大權，蓋君主爲國內惟一元首，自得整理各種新因素，以謀整個社會之幸福。每當世界一入轉變時期，首應考慮者即爲如何適應新情況而不致引起極大之騷擾：假令舊有方法而能通過難關，固屬盡美盡善，否則必須委託一人或一組織以充分之權力，乃能應付一切而達其目的，此即十五十六兩世紀所發生之事實也。社會至此又重入鎔鑪之上，而封建主義既不適用，於是乃不能不傾向於君主專制之嚮導，以度危難，正如羅馬當奧格斯特時代之所爲者。

吾人討論政治本無須對於純粹社會或宗教運動，一一覼縷，但吾人對於舊制所以發生之環境，苟無相當之認識，則整個舊制或將全無意義矣。關於中世紀結局時之重大事件，得分爲兩類敍述之：其一爲影響世界物質方面者，如美洲之發現，與土耳其之威嚇，其二爲改變理智方面者，如宗教改革，文藝復興等是。關於討論哥倫布等探險事業之記述中，有一方面應加注意而往往忽略者，厥爲此等事業幾全爲個人之努力，而政府領導之力甚少。近代美洲不問其爲拉丁或盎格路撒克遜部分，均係英西兩民族個人之勞績，而馬德里（Madrid）與倫敦政府幾無與焉。西班牙人之經營美洲之最著名者爲可特次（Cortez）與皮沙洛（Pizarro），其未得本國政府之幫助，與勒李（Raleigh）無異，且不但征服新世界爲由於英西兩民族個人之力量，即開發新世界之第一步工作，亦係個人適應環境之所致。其後英西兩國政府竟喪失其人民所獲得之土地，而美洲殖民地之稍得政府資助者，惟法人之經營加拿大而已。其餘各地之探險與殖民之進行，一切費用，多由個人擔負，其賴本國政府資助者誠微乎其微也。

英西兩國青年精神上之鼓動，亦非出自政府而係來自個人，關於西印度財富之故事，不脛而走，即窮鄉僻壤，亦往往爲之躍然興起。英西兩國民族個性至強，美洲之發現，此種天才遂充分表現之。當此之時，歐洲冒險家之離鄉背井者，日益增加，雖有大批人員中途遇險，致遭死亡，就中亦有許多依然健在，尙足以引起他人追踪而來。自是世界立形擴大向之農村青年，除從事宗教事業者外，別無改善環境之法，今則可一躍而爲墨西哥之總督，或得爲一約翰史秘斯 (John Smith) 矣。無怪其乘犂投耙，而樂於後甲板上觀海市蜃樓也。以是生命遂重入活躍之狀態，而個人既邁步於前，則政府不能不追踪於其後焉。

美洲發現之後，因產生許多新問題，封建制度既夢想不到，中世紀之政府，亦無法應付之。中世紀之基礎在各個人各有其社會之固定地位，然當此之時，一鄉村書吏竟能推翻一蒙特蘇馬帝國 (Empire of Montezuma)，則雖最頑固者見之亦當知新紀元已開始矣。而哥侖布之航行世界一週，與法蘭西西班牙內部之統一，以及英格蘭諸侯勢力之縮小適相印合，其變化最早之結果，厥爲使中世紀徒擁虛名之行政首領，得以次第固其權力，蓋舍此而外，別無他法足以安然聯結新舊兩方之鴻溝也。又因移民美洲之故，致國內人口亦緣而流動，而新問題遂接踵而起，如伊利沙伯 (Elizabeth) 時代之救貧法，即爲解決本問題者，復因殖民地之組織與行政，遂產生政府之新機關，例如西班牙之印度行政委員會乃應運而生，此種在新大陸適用之組織，不久亦應用於舊大陸矣。彼封建制度，在哥倫布（Columbus）由巴洛斯（Palos）出發航行之前，固早已奄奄一息，而因此回探險之結果，始安之窀穸耳。

歐洲東西兩部之新勢力，均飛躍突進，雖環境不同，而結果則一。東羅馬帝國卒於一四五三年完全剔除於地圖之外，土耳其雖早已征服巴爾幹半島之大部分，然迄於君士但丁堡之陷落，仍不能傾全力征服耶教國。在九十年之間，土耳其蘇丹侵略北非洲至於直布羅陀海峽，並樹國旗於意大利之阿特蘭圖（Otranto），且其兵力達於維也納之城門。莫罕默德二世（Mohammed II）嘗自誇將於羅馬聖彼得教堂（St. Peter's）飼養其戰馬，此時似已無術防止其豪語之實現，且使當時在莫罕默德與西林（Selim）之間無伯葉昔德（Bayezid）暴政之羼入，則歐洲歷史或不免全部改絃易轍也。耶教徒之敗於尼可波里（Nicopolis）與莫遐克（Mohacs）也，已證明封建主義之民兵與中世紀之戰術無力抵抗土耳其之侵入，直至西班牙加入戰場，土耳其始遇勁敵。勒潘圖（Lepanto）一役（而克勒西（Sir Edward Creasy）於其世界大戰表中竟不紀載，殊不可思議。）奧大利之唐約翰（Don John）大勝土耳其之海軍，自此之後，土耳其新月旗幟在地中海惟一戰勝，卽在克利特（Crete）一役而已。政治單位至是復趨於擴大，而威尼斯，日諾瓦，諸城市國得在中世紀生存者，而在十六世紀不得不需要大國之組織，如西班牙者，始足以應付一切矣。

土耳其之威嚇與美洲之發現，對於各國行政首領地位之鞏固，其效力相同。蓋當亞爾鳩林（Algerine）海盜船隻發現於海岸時，不能再候各地諸侯徵兵之召集；苟非有政府船舶，立可應戰，或有政府軍隊駐紮附近以堵擊海盜之登陸，則地方武士及其扈從，猶不及披堅執銳，而各村鎮且已成灰燼，婦女則已起程赴奴隸拍賣之市場矣。大規模之戰爭，中世紀之武士及其扈從，以當兇殘無比專以戰爭爲業之古尼沙力士（Janissaries），蓋不啻螳臂當車也。且火藥輸入以後，戰爭之事，耗費浩大，而欲抵抗土耳其之強敵，又非又有大礮之設備不可。凡此皆爲使政府增加權力之原因，祇求政府能抵抗敵人，避免塞爾維亞與匈牙利所遭之命運，則平民對於執政者所用之方法，不致吹求責難也。要之，如布丁然，其美惡之辨，卽視其可口與否耳。彼封建制度與城市國家所不能應付者，而新民族王國則應付裕如，此其所以得於舊制廢墟之上起而代之矣。

中世制度經千餘年之演變，已證其不能應付新起之問題，但新因素之推倒舊制，費時亦屬不少，良以羣衆類多保守性成，假使對於中世紀之根基無理智方面之革命，則奏效極不易易。此後吾人討論法國革命與汎繫主義時，其理想由書齋而達通衢（卽由學者而傳至羣衆）果經幾何時日，原爲一辯論之端，但終必達於通衢，則絕無疑義。蓋對於最早之改革家可以忽視之，第二代之改革家亦可格殺之，至於第三代之改革家則將震撼世界矣。當此之時，文藝復興與宗教改革使之弱於內，美洲之發現與土耳其之侵略又震撼之於外。吾人不敢謂千人中得有一人能欣賞依拉斯莫（Erasmus）或加爾文之主義，但彼等所持之信仰則別開生面，而且深入愚民之心，遂促成一種抗爭而致中世於結局。

因文藝復興而引起政治學復生研究之興味。吾人前面所引蒲萊斯之言，已指出中世紀對於政治學之忽略。亞里士多德之著作，雖爲中世人民所熟讀，但僅注意於倫理，而不在其政治上之學說，又因西歐人士幾完全不諳希臘文字，故於亞氏著作，亦往往失卻眞正之意義。文藝復興所生學問上之刺激，不久雖流於無用之古典主義，與無關宏旨之文法分析，但因希臘文字之復興，實啟知識寶庫之門，而其關係政治學者尤爲重大。政治論著之中，至少在書名方面，未有較麥克維里（Machiavelli）之君主論（Le Principe）更著名者。此書卽在十六世紀初年所作成者也。此書滲透希臘思想，且爲自羅馬帝國覆亡以來，最先敢用不變之原則，以解決當時一切政治問題者。其絕對之維實主義，卽爲新紀元開始之象徵，而作者之名，亦因之而變爲一種諺語。至此書之影響，則直達於今。蓋墨索里尼最近宣稱係受麥克維里與尼采之鼓舞也。是以文藝復興實使人類對於政治問題恢復思考之興趣，而構造古代與近世之連鎖焉。

假定恢復學問之直接效果，爲政治學之復興，而同時對於中世紀一般人之信仰，亦發生極大之影響。美洲之發現，與關於印度遠東情報之增加，使任何人均知此世界確較向之所知者爲廣大，加以哥伯尼證明世界之外，更有無數之世界，則凡生活於舊觀念下之人士，其想像俱不得不爲之動搖矣。哥伯尼之發現，猶未普及於羣衆心理，而加利略（Galileo）不久又繼之於後，其影響遂深入知識階級，對於中世紀政治社會之消滅，關係誠非淺鮮也。

蓋世界上既尙有其他大陸，而大空中且尙有無數世界確屬聞所未聞，故謂上帝授教皇與皇帝以統治人類之權其說得不謂之爲荒謬乎？此種疑問一經發生，則中世紀瀕於最後呼吸矣。

文藝復興開其端，而宗教改革畢其業。至於宗教改革之結果是否爲人所歡迎，姑不具論，但其對於政治上極大之效果則絕無否認之可能。自宗教改革發生之後，無論在任何國家均爲使向之屬於教皇之權收歸君主；例如在英格蘭教會宗教約章中，即明白申說曰：『英王握有英國及其藩屬之主權，國內各階級，不論其爲僧侶或平民，咸歸統治，不受任何其他外國法權之制裁；』其最後之影響則爲民主政治之恢復民主政體者，蓋自奧格斯特於亞克丁 (Actium) 推倒安湯尼以來，至少在實行方面久已消聲絕跡者也。此種新恢復之民主主義，其進行之步驟亦非迂緩，蓋亨利八世 (Henry VIII) 在一個時期得自稱爲教會之長，而第二時期，傑姆氏六世 (James VI) 得公開禱告謂爲「上帝之愚臣」(God's Silly Vassal)，而第三時期，則英國之王即受叛民之裁判而置之死地也。

宗教改革爲法國革命之先鋒，而尤奇者，即日諾瓦竟爲兩個運動之鼓吹家加爾文與盧梭之策源地。新教徒之反對教皇也，乃執聖經爲根據，蓋聖經苟從文字上解釋，實爲空前之革命著作也。新教徒之原動力爲加爾文 (Calvin) 主義，而蒲利斯比特 (Presbyterian) 教堂之行政，尤以民主爲前提。故在此情形之下，由宗教民主到政治民主，可一躍而幾矣。而向之反對教皇有效之論據，用之於反對君權，其效力自亦相等。宗教改革家之所稱道者爲舊約全書，而新約不與焉，蓋舊約並無提倡王權神授之根據也。此種新酵母，苟非尙有反宗教改革運動之發生，及提倡重受洗禮的迷信之過分，則其進展當更迅速：卽最頑強之新教徒，均知激怒君主之不智，良以君主旣能防止羅馬主義之復燃，又得抑制本派極端思想之擴大也。民主政治雖好，但可俟教皇與共產主義勢力均已消泯時，然後採用之。

十六世紀時，因直接間接關係之聯合，將羅馬覆亡後建設之制度，盡行推翻。因欲控制社會經濟之變遷，必須獲一較封建主義強固之政府，然後始能應付一切。至於舊制理智之基礎，固已根本動搖。中世紀之社會組織，形式上雖尙有維持不墜者，然其精神則全非昔比矣。

自發現美洲至法國革命，其間凡三百年，厥爲世襲之君主政治，亦卽所謂開明專制之時期。在此時期，各國君主對於責任之見解——此時在位之男女君主，其賢能之多，實空前而絕後——以爲國家卽其自我人格之表現，假令謂臣民有服從之義務，則君主對臣民亦有應盡之責任。政府之口號所以爲「政以爲民而非政由出」者，亦原無足深責，蓋在十七世紀，政府力量偶一鬆懈，則全歐將立陷危境，由此卽證明其間惟有專制與混亂之兩途，而別無回旋之餘地也。斯時交通不便，民智蔽塞，民氣又復暴烈，平民政治絕不可能，苟非君權之獨尊，則國家成爲貴族與少數富豪野心忌妒互相爭奪之俘虜而已。工業雖較中世發達，然猶在幼稚時期，故中產階級數量旣少，勢力亦微，而中產階級者，固爲十九世紀代議制民主政治之骨幹也。要之，在此時期，除世襲君主制以外，別無他途可行，是以苟能繼續有效，則終得維持至於不墜焉。

中世紀之君主往往爲非強而有力。其間雖亦有例外，如愛德華一世斐立浦四世 (Philip IV) 等均是，但中世紀之制度，各個人在社會上均有固定之地位，君主亦有其地位，故在理論上雖極尊嚴，而事實上則非確有實權。強有力之君主雖較懦弱者得以自由行使其意志，然因貴族與教會之抗衡，往往使其權力嚴受限制：法國君主中之能者如路易十一 (Louis XI) 終其身，嚴憚諸侯，至被刺之白克特 (Becket) 則竟能破壞英王亨利一世 (Henry I) 之事業，良以在此時期既得產生勇敢之查理士 (Charles the Bold) 製造君主之瓦維克 (Warwick the King-Maker)，又能產生一希爾德伯蘭 (Hildebrand) 與一英諾森第三 (Innocent III)；即無產生伊利沙伯，路易十四 (Louis XIV) 或佛利特利克大帝 (Frederick the Great) 之餘地矣。君主爲對付教士與貴族爭衡計，亦時時求援於人民，人民亦往往爲之後盾，但當時之人民力量既薄，又無組織，宜其不能爲君主永久援助也。且衛護君主之神權，又極不可靠，而命運之輪迴旋至速，當中世紀時退位君主之放逐，與今日君主之出亡，情形迥異，良以斯時並無都恩 (Doorn) 或李勿拉 (Riviera) 足爲逋逃淵藪，得以腰纏累累，安然隱居。是以其退位之君主，幸則瘦死異域，不幸則上斷頭之台。中世失國之君所以較近世失國者格外焦急，而亟謀復辟者，其在斯歟！

當中世紀末年，法蘭西，西班牙，英格蘭均發生若干事件，使君權爲之抬高，而此三國者，乃爲爾後兩世紀世界命運之先驅也。法國之民族意識，因滑羅斯（Valois）王朝諸君主，以屢次戰功，驅逐英人，而後覺醒，惟多數貴族則猶漠不關心；其在西班牙則因加士底（Castille）與亞拉貢（Aragon）兩王朝聯合領導之十字軍，使士耳其人驅逐於境外；而在英格蘭則因亨利六世（Henry VI）當國時內亂綿延，使國家與憲法變爲兩派貴族之兒戲，而肇極大之反動，故當其嗣王登極時，李卻德格林（John Richard Green）竟稱之爲「新王國」焉。王權既日高漲，而與王權角逐之勢力則江河日下。英法西之貴族不但因十四十五世紀內爭外戰，大爲耗竭，復因戰爭採用火藥，耗費日大，加以美洲發現後，生活程度亦繼漲增高，是以貴族能推翻君主之時期早成過去矣。教皇自由羅馬遷至亞維貢（Avignon）以後，教會權力亦已低降，而大分離運動（Great Schism）尤遭極大之損傷，至於宗教改革之期，即天主教國家教士亦不能不俯首而聽政府之命。同時復因商業繁盛之故，關稅自亦隨之而增加，然關稅係由君主徵收，於是君主又獲一財政之新權力，此種財權固已往君主未嘗前聞者也。

大抵開明專制在最初時期，仍沿襲中世紀之一切組織。從美洲發現至法國革命之三百年：在此三世紀中，第一世紀爲其發展時期，第二世紀爲其極盛時期，而第三世紀爲其衰落時期。當第十六世紀時，由中世紀沿襲而來之代表議會，仍按期舉行，惟是時西歐當國之君強有力者，每使議會不過爲名存實亡之機關，甚至除通過王室決定事項外，別無其他重要之工作，此可於英格蘭改革之進程中見及之。其在十七世紀，則各國君主竟拋棄以前之形式：法國之國民會議自一六一四年以後，即未召集，直至一七八九年因法王不安於位，始復召集；西班牙之國會雖仍照常開會，然亦無實權之可言：惟英國之國會反於此時佔有優勢，其理由容後詳述，故自是以往，英國憲政史遂與其他歐洲國家分道揚鑣。迄於十八世紀，開明專制已成不適時宜之制度，故不免於消滅：蓋新問題既層出不窮而無法應付，其足以搖動根基之新理想又逐漸深入人心：雖經佛利德利克大帝，西班牙王查理士二世（Charles II）世以及約瑟夫二世（Joseph II）等竭力彌縫破綻，無奈三百年來之舊制，已病入膏肓，既不能命又不能退，於是革命遂不可免矣。

顧吾人於討論開明專制崩潰原因以前，必須將其全盛時期採用之機關予以研究。舊時之國會雖未嘗大變，惟政府之實際之工作，則咸由會局執行，各會局各有其特殊任務，而以「王室參事會」總其成，君主又往往為王室參事會之主席。在英國條多王朝（Tuddors）如北方參事會與衛爾斯參事會（Council of Wales）剝奪國會職權不少，復有星會法庭（Court of Star Chamber）供執政者法律之顧問；其在西班牙則整個政府之工作，均委之於加士底及西印度參事會；至於神聖羅馬帝國則組織各局執行政權，而以皇帝為其名義上之主腦。此種制度之發生，係在十五世紀之末與十六世紀之初，當時因各種問題紛至踏來，中世舊制已無應付之能矣。其最早之工作為關於此類新政府之組織，顧新機關之組織，不免趨於工作範圍之擴大，於是其重要性亦因而增加。類此事件可於近年尋之，自歐戰以後，發生無數新問題，於是世界各國均不得不增加新部局，其結果使多數自由主義者，如英國司法總長（Lord Chief Justice）已為人民之自由深懷杞憂，彼英國素以尊重自由著稱於世者，令猶如此，其他更無俟贅論矣。實則邇年以來停廢憲法上無數之規定，與中世十六十七世紀議會之衰落，其原因蓋有不謀而合者。

假定謂選舉之機關往往有採取革命方案之趨勢，而不知委派之機關則易流於因循停滯，開明專制所用之參事會卽屬如此。參事會僭取一切權力卽置諸腦後，而不復過問之矣，加以整個系統中尚有一大弱點，卽中央與地方政府缺乏完善之連接關鍵。法國之觀察使(Intendant)卽今日省長之前身，雖能在各省代行王權，然其注意，在於秩序之維持，而鮮問其他，此外各國之同樣官吏，亦類悉相同。城市生活在中世紀甚爲繁榮，至此亦顯露凋零之態，蓋市政在階級制度下日趨停頓，市政人員又徒知吸吮地方人民之血汗也。會局之策劃，用以控制中世紀結局後之變化，原屬法良意美，惜其徒欲使國家一通體流，而生新的活動，及乎原動力一去，則又成僵局耳。十八世紀之外表，佯爲安甯，——卽柏克(Edmund Burke)於路易十五(Louis XV)晚年游歷法京，初未見有大暴動行將勃發之朕兆——而實際上則人類正準備在政治知識兩方作新局面之開展。此種發展，各國參事會竟泚然不知，且徒知回顧以往，不暇瞻念將來，以其對於人民之脈搏，久已不復爲之診斷矣。

如吾人轉移研究之方向，而論開明專制所以失墜之原因，則知其複雜之程度，與其所以肇興之因素，蓋屬相等。任何政制之變革，苟無政治的經濟的與知識的準備，決難奏功，故其失墜也亦然。英美兩國所生大事之影響，舊政府對財政工業效率之喪失，兩代以來政治思想家之批評，凡此種種之總合，遂闢民主政治得勝之途徑，自巴士底獄暴動之勃發，卒以宣告成立，蔚爲世界之大觀。

英國對於歐洲政治思想之發展，其影響蓋自一六八八年革命起直至歐戰開始時止：此整個期間，各國對於英國制度先後仿效抄襲，直至近年始知其不適於輸出：實則今已完全轉變，彼歐洲大陸之政治思想，且浸浸渡英國海峽（English Channel）而登三島矣。當十六世紀時，英國情事之進展，本與歐陸他國無甚出入，故當時人之觀察，以爲英國之巴力門或不免與法國國會遭同一命運，良以英國尙非一等強國，而其國內政治殊不能引起外人之深切注意。卽其第二世紀憲政糾紛，亦未嘗認爲重要，惟查理士一世之處死刑，纔使全歐人士咸爲震恐，因同時法，西，意，諸國均有同樣之騷亂，而神聖羅馬帝國之三十年戰役，亦恰收場也。斯條亞特王朝（Stuarts）之復辟，實爲革命運動之終止，而查理士二世當國，則日見王權之恢復，其實當此遭人誤解之英王（如印伯特特利（Sir Henry Inbert Terry）在其名著傳記中往往如此稱之）死於五十五歲時，英國王權之大，實爲空前所未有，設彼得再活二十年，或其弟有其十分一之能力，則專制之程度，因可與法西王國並駕齊驅。而英國政治變動之引起歐陸之注意，實起於英國革命以及雅各派（Jacobite）屢次欲推翻已經解決之局勢而屢遭失敗之事實。

此次革命之線索可於宗教改革尋之。亨利八世一遵乃父遺策，專事消滅封建貴族之權力，殊不知允許紳士取得教會田地，適以造成一新貴族階級，其爲患於王權，且較其苦心摧毀者尤爲危險也。彼嘗梟一荷滑德（Howard）之首，而同時又爲羅素族（Russells）加文底晝族（Cavendishes）與邱祺兒族（Churchilles）建築聲固之基礎，彼三族者，乃爲爾後轉移英國全部歷史程序者也。因教會寺院之解散，而產生一般富紳，足爲全歐之冠，此等富紳苟能繼續保存財產，則必繼續擁護王室。故嘗擁護伊利沙伯以抗西班牙因斐立浦（Philip）戰勝，則必強迫歸還教會財產也。又嘗力拒查理士一世之徵收直接稅，而韓普登（Hampden）或即因拒稅而成不朽之第一人也；其在克林威爾（Cromwell）鐵蹄之下，嘗陰爲謀叛，又嘗歡迎查理士二世之復辟。查理士二世未嘗對於彼等所握教會田地發生恐嚇，且當其末年，以路易十四之供給與關稅之來源，足應其財政上之需求，故終其生卒未企圖重蹈乃父財政上之覆轍。而傑姆士（James）反是，其宗教政策，使一般縉紳，莫不戰戰栗栗，於是凡曾掠得教會田地者，咸恐喪失財產，而暫時變爲費格黨（Whig），其結果使斯條亞特（Stuarts）王朝卒被驅逐而失國柄。

設使英王在宗教改革時，將教會財產收爲己有，其影響於英國憲政史者果爲如何，此點雖饒有興味，然吾人確不敢斷言，大抵英王因沒收此等財產，在兩三代之間得以脫離巴力門而獨立，而十八世紀統治英國之新貴族階級，或永無發生之可能。宗教改革之起原係由上而下，而非由下而上，而由宗教改革之故，始造成革命之環境，亦因此而使英國歷史與歐洲各國分道揚鑣。查理士二世之隔斷極端的費格派如夏福特斯堡（Shaftesb.rg）者與鄉紳團體之關係，並予強徒如提特氏阿特氏（Titus Oates）以充分之特權，於是集合一切畏懼革命之重起者，爭立於擁王旗幟之下。而傑姆士一反其道而行，在短促之三年間，毀滅乃兄一切事功，而使一切恐遭財產損失者均集於反對斯條亞特王朝之戰線。嗣後，縉紳階級對於查理士一世（Charles I）企圖徵收直接稅之回憶，及其子傑姆斯對於獲有教會財產者百般恐嚇，均爲促成新貴族與鄉紳效忠費格派之信仰，此種現象直至斯條亞特王朝不復有復辟之虞時，始行終止。而同時多數人依然猶對雅各派保持好感，蓋在一七七七年約翰生（Doctor Johnson）嘗激怒忠實的鮑斯威（Boswall）曰『假使欲英格蘭治平，應於今夕放逐當今之英王，而於明晨斬決其附從。』

此事之發展，使歐陸日增興味，而挨利本克陰謀（Elibank Plot）之失敗，即證新王朝之穩定，而因此遂引起極大之注意。外人之來英觀光者如福祿特爾（Voltaire）及其重返國門，陳述其所見聞時，於是此天運遂渡海峽而東矣。然大抵彼等均不知英國社會情形乃屬獨立無二，其他任何歐陸國家均無同樣之情形，是以多數國家之仿效英國，而抄襲英憲者，不啻如流沙之建屋：其尤著者即法國之七月帝制是已。當七月帝制時爹亞氏（Thier）與桂卓特（Guizot）均爲主持其命運之人，斯二子者均以爲英國一六八八年之事與法國一八三〇年之事完全相同，因受催眠而致迷醉：而其實則不過爲皮相之相同，以致兩政治家小心翼翼建設之政局，不過十八年之壽命，即已傾覆，然後始知其徒費心機也。然而外國改革家必須經過極長之時期，始知其理論乃係根據虛僞之類似，故英國政治思想在歐洲大陸猶卓著一時也。當法國革命爆發之頃，無數毫不相干之英國游客忽被歡迎，視同自由天使，直至甲可班黨（Jacobines）當權之前夕，倫敦巴黎兩京人士對於此事之臆測，以爲路易十六將變爲更進一步的立憲君主之喬治第三而已。總之，英國政治之發展——威尼先憲法（Venetien Constitution）之成立，而底斯拉里於下世紀竭力反對者——雖其直接效果不過較貴族戰勝君主路勝一籌，而對於爾後推翻舊政制運動，實予以莫大之動力。

北美合衆國獨立之原因得由兩端說明之：或如杜哥特（Turgot）之名言，所謂殖民地猶果實然，一達成熟卽與樹脫離，或如特利威利陽（Sir G. O. Tryvelyan）派之解釋，謂爲英國革命之必然結果。美國獨立戰爭究係英美兩國間之戰爭抑係內戰性質，大西洋兩岸之意見互不相同，然非吾人此處討論之點；而其爲歐洲怨望份子之號聲，固極顯明焉。法蘭西，西班牙是否僅欲利用華盛頓及其同僚爲剝奪英國由七年戰爭所獲領導權之與當，原不得而知，惟不久均知此自由之活舌，極不易令其開闔自如，則絕無疑義。所以派遣普魯文氏與達托氏兩伯爵（Comtes de Provence and d' Atois）——卽未來之法王路易十八（Louis XVIII）與查理士十世（Charles X）——請其乃兄參加美洲戰爭，原非細故，然其請求卒被拒絕，由此而發生締結凡爾塞條約之事件，不久遂成爲政治家所不能控制者矣。美洲獨立之戰，由歐洲輿論觀之，實爲一六八八年英國革命工作之尾聲。英國政治理想之發展，已於下議院鞏固其根基，而其真正意義之傳達於外國羣衆，係由各該國本地哲學家或政治學者間接之輸入。至於美國獨立之引起注意，係由戰場而來，而沙拉托加（Saratoga）與約克湯（Yorktown）之教訓，卽一般視殖民法案之通過爲無足輕重者，亦知贊賞。且此役原非天涯海角偶爾發生之蠻觸蟻鬬，乃係延長七年之久，英國始自認失敗，故在戰爭期間，舉世各國所受之影響，程度相等，數世紀以來，自由之得以戰勝威權，此固開張之第一回，而爲人類過半數之耳目共見共聞者也。

假令謂因英國政治之進步，使歐洲政治思想家深知立憲君主制之可能，則美國之獨立，遂使其玄思更進一步，職是而共和思想亦賴以恢復。吾人欲知法國革命之全部意義，必須先明十八世紀一般知識之國民，以爲共和國者乃包含貴族政治與頹廢兩項意義者也。當此之時，所謂共和國除神聖羅馬帝國之自由市外，有威尼斯，日諾瓦，瑞士三國。威尼斯與日諾瓦原爲寡頭政治之統治，並已達頹廢之最後階段，而瑞士居民幾盡爲農人，且爲極鬆懈之封建制所束縛。此外，英國嘗一度試行共和制，但以數年之經驗，立卽改轍，於是建立一新王朝，其次則再擁戴舊君系統，最後則甯願請一日爾曼親王與英國王位全無干系者承襲王位，而不願回復共和。荷蘭亦然，承認阿蘭積王朝（House of Orange）之統治，而除少數亞姆士特頓（Amsterdam）不滿意之市民外，鮮有思圖恢復共和政府者。在美國獨立戰爭之前，共和主義似已隨布魯塔氏（Brutus）與加瑞氏（Cassius）以俱亡，而威尼斯日諾瓦之憲法，乃視爲研究古代之對象，而非指示大多數人類或遲或早，或久或暫，必須追求之途徑者也。

乃自共和主義勝利之消息橫渡大西洋後，予一切舊制者以極可畏之武器，而在兩代之間，政治學者分爲共和與君主兩大壁壘。美國之「爲民所有爲民所治與爲民所享」之政治理論，已成全世界共和主義者之口號，其信仰舊制者惟得以正統說答辯之。其在今日，則共和國與君主國已無差別之可言，蓋總統之權往往較君權爲尤大，而兩者因的克推多之增加，俱有行將消滅之隱患，是以兩種政體之區分已非如十八世紀末年之斬然有別矣。美國之共和主義與法國之革命，鮮有相同之點，惟目光如炬之華盛頓一望知之，至於巴黎街衢民衆觀之，則美國十三州不過爲脫離君主之羈絆而止耳。美國開國元勳雖極不得已而趨於反對君主制之途徑——蒲長（John Buchan）在其所著（The Company of Marjolaine）中曾描寫當時美國帝制派之企圖——然其工作確使歐洲耳目一新，故卒致已消聲一千八百年之共和主義至是復抬頭於世界。

因英美兩國之先例，使一般不滿於開明專制者，深知於其所生活之制度，另有他途可尋，迨其境地愈形難堪時，則其動作亦愈趨激進矣。

通常以爲法國革命之勃發，係由農民深受貴族壓迫之痛苦，因而發生之羣衆運動，其實則此種信念完全謬誤。蓋法國革命乃純粹爲中產階級之工作。當時有許多政府職位限於世襲之專利，而排中產階級於門外，因此遂對於現狀極表不安之態。農民固有其相當之地位，但法國革命之帶有中產階級色彩，可於咨許伯特（Herbert）及其同儕之短簡中見之：私產如非貴族與教會之田地，仍極尊重之。設使法國而無強有力之中產階級，則革命直無發生之可能性，縱有亦與賈克奎利（Jacquerie）同其命運，其在他國如奧大利因無中產階級之存在，故其革命亦遲至中產階級產生之後。人民不過受中產階級之利用，推翻舊制，而實際平民之所得者極少。至於社會方面開明專制已成特權階級之政府，故對於中產階級參預某項政權之要求，則嚴加拒絕。迨馬克思提倡打倒資本主義，革命運動始帶經濟的社會的意義，而非純粹以政治為鵠的，於是中產階級亦變為被攻擊之中心。是故法國革命者，乃純為中產階級之運動也。

同時開明專制至末運之時，其內部組織之崩潰，亦已成為不可救藥之局。當法國革命之前夕，國家財政與歐洲大戰後相等，加以此時又無一樸音開雷（Poincaré）為之挽救，至於工商業雖較一般所想像者為繁盛，然有無數限制為之障礙，其間且有若干限制乃自中世相沿而來者。當時歐洲各國原不乏高瞻遠矚之士，如西班牙查理士三世，佛立德立克大帝，潘博爾（Pombal）湯牛西（Tanucci）等，但彼輩雖竭盡心力，而仍無補於時艱，此即證明舊制已失卻時效也。各國所設會局之員司，原為行政之樞紐，然至此已成尸位素餐之掛名差使，而反常之事，又復層出於全歐，例如西班牙與美洲殖民地之商務僅限於西維爾（Seville）之一埠。故歐洲當十八世紀之末年，又如三百年前中世紀終了之期，其政制又已不復適用，除物質上之條件外，而理智上強有力之武器，在三十餘年之間又無日不對準舊有制度及其基礎，猛施攻擊，以是開明專制之傾覆，蓋不過時間問題而已。

知識階級在早年罕有擁護世俗政府者，迄於宗教改革，多數知識份子，類屬反抗教會，於是使一般信仰廣義的思想自由者，咸投於政府懷抱之中，因政府乃能保護人民避免新舊宗教之攻擊也。由叟維特氏（Servetus）之命運觀之，關於輿論自由一端，新舊宗教其揆如一，如新教徒彌爾登（Milton）警告其國人曰：『新教教士不過為舊教教士之大寫而已。』在此情況之下，無怪知識階級，非俟新舊宗教之威權俱已不能為害時，不願攻擊王侯，良以在王侯節鉞之下，始得容頭過身也。卽至十八世紀，福祿特爾與底斗羅（Diderot）俱不以受佛立德立克或加查林（Catherine）之津貼爲非禮。其實開明專制對於後世之餘蔭，其最足稱述者，厥爲對於文學藝術之卵翼——此種態度無論民主政治或獨裁政治均未嘗表現之。從許多例證觀之，此等保護文藝之王或侯，其風格極爲暴戾，其能具英王查理士一世之有判斷力者，爲數甚尠，而除漢諾瓦（Hanover）王朝之孤癖外，全歐各王室多少對於精神方面皆發生興趣。此種政策蓋自文藝復興以來相習成風，直至新紀元之開始未嘗稍衰，其實在法國，卽至於今猶淹留未盡，至於他國文藝與政治之脫離，固亦有爲時不甚久者也。於此或有人將問曰：開明專制果否爲其所保護之學者理論之所損害？吾人之答案，以爲可於民約說之傳播見之，其論人類之起原，固於第一章述及之矣。

假定謂政治革命爲宗教改革必然之結果，則知識革命亦然。且二者之根源皆在於耶教教義之上，或耶教教義某項意義之上。新約對於「個人」極爲重視，在中世紀以團體爲政治之基礎，故個人之地位異常忽視，但新教徒則視爲耶教教義主要之部。上帝視「人」爲有個性之說，既佔勝利，則進而謂個人在國家亦當重視，固不過跬步之間而已。再進而主張政治必須獲得被治者之同意，其道亦不在遠也。簡略教義問答中嘗言：『當上帝造人時，嘗訂立生命之條約，』是以原始人類曾以個人資格訂立條約之觀察，亦不難爲人所接受，——是說固荷克已提倡於前者也。假定謂人類得與上帝訂立協定，當能與統治者及同儕訂立同等之協定，此霍布斯所以得由宗教之民約說進而爲政治之民約說，而其影響之大，固非始料所及也。

協約既經訂立矣，則此約是否曾經破壞，乃屬必然發生之問題。各派神學家均謂上帝與人之協約已爲人所破壞，其理由卽根據人類墮落之教義，所謂人類墮落之說，直至十九世紀黑格爾（Hegel）達爾文以前，尚無人鄭重否認之。假使一方已經破壞協約，何以他方則獨未破壞？彼盧梭之作民約論也，乃以證明原始人類莫不生而自由，而其不幸之子孫則無往而非桎梏。因宗教改革所發生之思想至是遂告完成，人民之政治自由遂爲政治改造家之南針，正如精神自由之爲宗教改革之格言也。其在現代，人類生活於城市文明之中，爲人羣共同利益計，個人自由日形減少，對於此種前提已謬之主義，竟得引起世界上極大之風波，似屬離奇，而吾人苟欲了解其理由，首當忘其在今日不過爲平常之事也。設當現存政制之各種環境已完全變更，則改革家對於各種可用之武器，均將不惜採用之，而況成功之後，固含有建設以往未嘗試驗之制度乎？今者苟有人以自由相號召，則人將以威權可獲優越之效率答辯之，但在十八世紀之末年，則譬如左足而着右足之鞋，此種答復極不適用，因威權業經權衡，明知其分量之不足，至於自由，則尚未曾試驗者焉。

此種觀念漸次發長而成全歐數代思想家之中心，其以之鑄成武器，以斬舊制之生命者，則法國人也。在政治學史上，法國人所佔之地位最爲重要。英，西，德，意，諸國人民於事實業經分析，理論形成之先，後固能供給國家憲法上之材料，惟對於事實之分析工作，則全屬法人。法人之天才對於事實辯論之方法饒有興趣，雖其根據未必全屬可靠，然任何他國之思想均望塵莫及焉。假定謂法國思想對於今日多數主義之造成，應負責任，而同時又為泛繫主義供給哲理上之辯護，其在十八世紀當波本王朝尚無傾覆之危險時，巴黎之為革命主義孕育之中心，尤無疑義也。舊法蘭西王國有人曾名之為帶有機警性之專制，此種譏刺實含有幾分眞理在焉。其實舊朝廷對於知識階級之攻擊，其反攻力量雖為惰性之表現，而其強烈之度，亦至可觀，但經長期之抵抗則仍歸失敗，故至最後衝突之際，卽發現所受損害之深，實出意料之外也。

百科全書派之主張，在法國尚未應用之前，卽已傳播全歐各國。正如今日法國政府，原為代議制之共和國，而其大多數之思想家則為國家主義或共產主義者，是以十八世紀時，舊有政制，雖久已不為知識階級之擁戴，而猶能繼續維持。以報章雜誌異常發達之今日，一種新觀念，果需幾何時日，始能由書齋而傳之街市，尚為一爭訟之端，大約必較通常人之揣測，需時略長，若在二百年以前，其流通必更遲緩，自無庸疑。故在當時情況之下，似盧梭之民約論，歸納一切反對現制之理論於百餘頁之小册中，確居重要之地位，而政府必須基於被治者之同意一層，遂成為不滿現狀者之金科玉律。所有荷克霍布斯洛克等哲學上之論據，以及福祿特爾之譏刺，悉為盧梭鎔化而成革命主義之綱領，惟實效之發生，乃在盧梭物故二十年之後耳。

舊政府對於百科全書派之攻擊，絕無反駁之能力。因其根據在於事實，而不在理論，彼舊政府所依據之事實固已完全成為過去者矣。往者因美洲發現與宗教改革形成社會經濟與宗教之騷亂，故為保持文化免於淪胥計，不得不需要強有力之行政首領，今則此種環境早已不復存在矣。自君士但丁承認耶教以來，十八世紀為對宗教最冷淡之時期，無論天主教或新教國家絕無畏懼異教勢力足以危及國家安全者。而在他方，工業潮流開始高漲，明眼之人雖已注意及之，然去勞資衝突，其鬬爭之激烈不減於新舊教徒先例之時期，固猶極為玄遠。總之，需要強有力之執政首領時間已過，而去未來之需要時期亦相隔尚遠也。至此，舊時政府既非基於理論，亦非根據現存之事實，故至末年遂絕無抵抗之能力。彼路易十六（Louis XIV）之降服，即由於已失有效之防禦工具，而民主政治乃重登舞台矣。

同時亦如開明專制時期之例，其間尚有中世組織之繼續存在，故開明專制覆亡以後，在各國亦永留其痕跡。其為一般人意料不及者，即勝利後之民主國，雖有時改頭換面，而往往沿用舊有之組織，甚或而至採用其政治上之策略。開明專制如英法西班牙之最特出者，為行政上之集權，而民主政治亦竭力於同一目的，以致發生現在不可避免之反動。此種事實至少可於西歐歷史較老之各國見及之。即開明專制之會局組織，亦未嘗加以更動，所不同者厥為對人民負責而非對君主負責，甚至如今日英國最重要之內閣閣員，雖彼等皆對首相負責，而首相則對下院負責，而其名義固猶不過為英王喬治之尚書而已。假定謂近代歐洲得於中世紀尋出其根基，而其大部分之上層構造則建築開明專制之上，蓋當破壞時期一過，則民主政府即力求完成其沿襲之機關，已心滿而意足矣。是故凡具深思遠慮之人，斷不致以近世歷史乃起於巴士底獄之暴動也。

第六章　歐洲民主政治之勃興

法國革命之爆發，一如過去奧格斯特之勝利，西羅馬帝國之覆亡，美洲之發現，以及將來歐洲大戰之開端，咸爲一新紀元之肇始。巴士底獄之暴動，與法蘭西王國之滅亡使人類洞悉舊制脆弱之眞象，莫不爲之大吃一驚。此事實爲一種教訓，而同時又爲一種警戒，蓋由此可知一國之制度，苟非與需要相適合，則時日稍久，必至變爲徒然之門面，縱使對於判斷力弱者，極具欺騙之力，而狂風一來，立見頹覆矣。此時爲民主政治之開始，其舊有制度雖仍有存者，惟其精神則已完全變更，歐洲各國之統治權，非來自君主，而係來自人民，各國君主雖仍有保存王位者，而實際則徒爲傀儡，不復如向日之專橫自如矣。

新紀元之格言爲自由，故自由主義遂爲人所共信。一切文學藝術與生活，對於專制之傳統思想莫不極端反抗，其在英倫政治上，華爾樸（Sir Robert Walpole）之執政，與皮爾（Sir Robert Peel）之執政，猶樸蒲（Pope）之詩與思可特（Scott）之詩無甚區別。威權則日益失勢，而自由遂起而代之。顧以法國革命後之時代仔細研究之，則又知所謂新法門者，卻非如一般人意想之多，蓋全部政治史猶之鐘擺之彈動，全視時代之需求，時趨自由，時趨威權，且不論趨向任何方向擺動至若何程度，而遲早終必回復於對方。至於威權之表現方式，原非一成而不變；

雖就大體上言，民主政體適於自由之表現，而專制與貴族之政體則適於威權之表現；由世界史觀之，民主政體往往有與最壞之專制等量齊觀者，而專制與貴族政體亦有反較民主政體爲尤足寬容者。羅斯金（Ruskin）嘗曰：『吾人如何取得自由，其所關甚小，但是否配享自由，則所關至鉅。』顧吾人所處之時代，對於此種中庸之要求，必不滿足，故非俟國徽上嵌有自由之標幟，必不甘默爾而息。民主政體，不論古今，常具有一種弱點——而附帶的即此制常爲相反之制度取而代之——即祇須外表上享有自由，遂不問其實際如何，至於是否配享自由之一端，則更無人留意及之矣。

同時即擁護威權最力者必須承認在十九世紀時，因自由主義之應用，人道之勝利，實空前所未有。蓋此時爲發明之期，而發明之有賴於個人者實較國家之力爲多。在開明專制之末年，因各種束縛之故，阻礙工商業者不小，故開明專制在當初雖爲必要之制，而至此已早成激怒人民之時代的錯誤。「從各方面觀察，蓋不啻生人而附死人之指爪而已。」工業主義如已成熟，自當加以限制，以維整個社會之利益，故威權亦有東山再起之日，但此時則相距尚遠，而自由正方興未艾也。工業發達使世界物質方面大起變化，假令日趨於放縱無忌，則其所予人類之利益，斷不能掩蓋其所致之損害。在過去二十五年之間，有一派學者，視法國革命以來之一切，無一是處；因革命而破壞無數應予保存之事物，誠爲可惜，吾人對於此點確不能不同情此派之論調，但濫用威權，而至過度，必須予以救濟，又屬無可諱言，彼舊時之政府，濫用威權，固衆目共覩者也。開明專制，苟得早日收束，其末年亦許可以較爲平安渡過，然此但怪人類之天性使然，蓋人類羣衆心理每欲忍耐於一時，以冀補救於來日；倘卒無補救之方，則羣衆將起而爲盲目之破壞，以致無數有保存價值之事物，遂一幷破壞之，所謂火炎崑岡玉石俱焚也。舊制之傾覆，其例亦然，其間不免有若干應加保存而連帶毀滅者，第吾人應知當其傾覆之日，其整個制度，固久已失卻效用矣。

自十八世紀末葉新紀元開始以後，政治家所聚精會神以謀解決者，即爲決定自由之限際。吾人於宗教方面，已見宗教改革之領袖，曾發生同樣之問題，彼最極端之新教徒，亦不願自由達於李登之約翰 (John of Leyden) 及其信徒操切之程度；即爾後最強硬之民主派如林肯者，亦不承認各邦有「自由脫離」之權利，其後美國另一大總統雖提倡自決之原則，然兩者之分界固至狹隘也。穆勒約翰 (John S. Mill) 之論此點也至爲透闢，其言曰：『任何人類生存之有價值，須視他人能否實行自制爲定』又曰：『是以個人自由必須嚴加限制，彼必勿成爲他人之障礙。』總之，自由之享受即以互相自制爲衡，然不幸人性至不完全，是以不能不依賴外來之限制，而此種限制又必須由政府或其權力機關實施之；夫如是，則與時尚之自由，如何而能適合乎？彼中世紀之政治家曾專心一志以求決定何者屬於上帝，何者屬於君主。故法國革命後之政治家，乃在決定國家與個人權限之界線，兩相比對，其困難固無軒輕焉。

自巴士底獄爆動以來，迄今百有四十年，從政治史上觀察，可以分爲三個階段。由提倡革命主義至一八四八年革命發動止爲第一時期，在此時期民主運動節節勝利，惟開明專制尙作最後爭扎，故仍有局部之反動。法國革命後至歐戰開始爲第二時期此時民主政治如日中天，其原則不但在歐美戰勝，且在遠東至少口頭上亦爲一般人所共信但同時在民主國中經濟之鬬爭亦開始發動，於是世人對之，始發生一種疑義，而不知民主政治能否應付此難關。其第三時期，即自歐洲大戰至於現在，其間有許多民主國，其民主制度已漸次消滅，其他則雖尙存其名，而實則已變爲君主專制或寡頭政治矣。本章之所論者即爲關於第一時期之事，但吾人於討論一般的到特殊的事實以前，必對於自由細加研究，因自法國革命以來，在人類史上所佔之地位極爲重要，而同時亦須探測一般人對於政府之態度，究爲如何也。

自由之種類有四——宗教的，政治的，經濟的與社會的——而法國革命所關涉者，僅爲關於前二種。法國革命完成宗教改革之使命，至十九世紀末葉，則全世界均已完成宗教之自由——此種具體之成績，似不致再行喪失矣。往者以爲舊制之推翻，即爲政治自由之建設，乃因工業發展，不久即生嚴重之問題，而「政治自由」與「經濟自由」是否能融洽無間，遂引起莫大之注意。以放任政策與民主原則相符合，原無不可，然其效果厥爲如底斯拉里在西比爾（Sybil）一書中所刻意描寫之血汗勞工，其情形極爲可憫耳。所謂人類生而自由平等之說，至於如此，尙何意義之可言，彼工人與雇主之關係，既非自由亦不平等，而國家則以自由之名義控制勞資鬬爭之鑰鍵，對於資方之剝削勞工，則默而認之，直至蘇俄革命始強制予以補救焉。至於社會自由大都爲關於婦女之解放，在其本身原不過爲民主政治間接之勝利；而在近年以來，除關於離婚問題外，則在君主制下反較民主制下爲尤安全。在此時期，思想界之領導者對於上述之自由，固欲充分求其實現，但多數之制憲者總以爲政治自由乃屬唯一之目的。

在此種情形之下，無怪世間每以一種形式之憲法，視爲可以普遍適用。美洲各國之憲法，均顯效流行於華盛頓而帶法國色彩者，其在歐陸，則各國均奉英憲爲典型。論者謂英美人民之享受自由，乃係由其憲章具有特殊價值，於是遂全部抄襲之，故各國以爲必有一君主或總統及由普選產出之上下議院，然後始具國家之體貌。迨歐戰爆發，始知各國多數政治制度，皆建築於流沙之上，而後乃明憲法之適於甲國者，未必不爲乙國之毒劑。但在法國革命後百年之間，政治劃一之狂熱，幾至等於一種病態。

法國革命在歷史所造之因素，事實上亦非如通常揣測之多。政治鐘擺在一時期趨向自由，縱極激烈，而爲時不久，又卽回復於中央之地位。革命勢力頗似洪水之泛濫，當其來也，淹沒全野，消泯一切舊有界線，但時日稍久，水量漸退，而凡被掩蓋之物，遂重行暴露，其間雖不無改變，而其舊痕仍足辨識。是故革命後，仍有無數舊制，依然存在，其所改變者乃在精神方面——卽憲法係以人民爲基礎，而非以君主爲基礎也。在十九世紀整個期間，雖經維也納會議企圖撥回時計之指針，而威權終不免於失敗，此卽法國革命之效果。惟吾人對於法國革命之效果，不但極易過爲誇大，且其中有若干變革，不問其究爲贊否任何方面之安排，終久必至發生，惟其影響於羣衆對政府之態度，則殊難形容之。共和國之憲法，精神形式俱爲變更，至於君主國則其體式上之變更，不過略可察覺而已。君主之實權，雖早已喪失，而表面上則仍甚尊嚴，威權亦似不少，其眞像如何，惟其本身或其大臣則知之甚明也。然在今日報章與政客雖一致阿諛人民認爲國家之統治者，而實則英倫國家銀行之行長，或英國工業聯合公司之總理，其意見蓋較英國全體選民之意見尤爲有力。法國革命一如歐洲大戰，然使事實上發生許多變化，但除法國以外，乃經過極長之期間，始達形式上同一之改革。

前章業經說過，在任何激變之期間，人類每每乞靈於專制，以度危難，法蘭西當十八世紀之末葉，其例亦然。因是時革命走入極端，故不久卽令中產階級發生恐慌，其後極端派漸與社會主義共產主義相接近，一般人心咸知非共同擁護一人，不能防止革命之流於過激。拿破崙成功之祕奧，卽在於此。自查理曼以來，拿破崙之事業，往往爲各種荒唐不經之傳說所誤解，其實拿破崙不過爲一「的克推多」，被人擁戴以期完成一種特殊工作，換言之，卽鞏固法國革命是已，拿氏於此，實與古今的克推多毫無差別也。歐洲之的克推多未有能使其勢力傳之子孫，而拿破崙竟欲世襲帝王之業，蓋忘卻羅馬帝國史上之警告矣：夫一國而果需世襲之君主，必須由武力以外之方式取得之，至於武力則的克推多之威權之基礎也。方拿破崙於萬緒混亂中努力致於治平時，全國上下，莫不誠心推崇，雖殘暴至如刺殺登京公爵 (Duc d'Eughien) 猶爲人所寬恕，但在其稱帝之末年，法蘭西人民乃覺代價太大，而當拿氏倒臺之時，除兵士而外鮮有爲之惋惜者。關於拿破崙之稗史，乃自科西康 (Corsican) 死後發生，係由反波本朝復辟之宣傳家，勤加培植而成，而因拿破崙稗史之故，使其姪竟能統治法國達十八年之久。

的克推多以自由之名，運用專制之權，同時又鞏固革命工作之觀念，原非新奇之產物，蓋政治上新奇觀念良不數觀也，至其對於歐洲政治之思想，則留有極深之印象焉。此種事實不過追蹤皮西斯特拉（Pisistratus）凱撒，克林威爾，而在近年又爲墨梭里尼與列甯所摹效，惟其情況則各不相同也。在外表上名詞雖極矛盾，而其爲欲合自由與威權於一鑪，則無二致。革命而戴王冕之觀念，在法蘭西從未消失，當克勒蒙梭最後一度任內閣總理時，其地位蓋與拿破崙爲第一執政官相等，但克勒蒙梭年事較長，且爲人更爲傲慢，故未嘗貪求更高之地位耳。而在他方，此種革命威權與法國保皇黨君權復起之意義，了不相同，而班衛爾（Jacques Bainville）則明白表示，謂此種賈可班之精神與國會右派力事抗爭，故樸晉開雷退任之後，所以竭力防止克勒蒙梭當選爲法國大總統也。惟在英美兩國，其間雖亦有少數共產黨主張無產階級之專政，然此種獨裁觀念從未獲得羣衆之擁護。

歐洲其他國家所以未發生拿破崙之專政者，卽因其政治鐘擺向自由方向之彈動不及法蘭西之甚。法國革命對於其他國家之影響，僅爲間接的，其間雖亦有風波之掀動，然從全部觀察，其由舊變新，波濤固較法國爲平靜。民主之實現容或稍遲，而其過程則較有秩序，而騷擾甚少。假令對於過去制度之破壞，來勢突然，則的克推多緣而出現矣。加里波底（Garibaldi），馬甯（Manin），柯蘇時（Kossuth）輩之所以成爲民族英雄，其道以此。因法國革命之過分，使外國同情其目的者，反而躊躇滿志，其結果則使他國採用民主原則，因而迂迴不前。正如宗教改革時以主張重受洗禮者之橫逆，使無數新教徒不敢提倡極端之理論，各國因畏賈可班派之屠殺，重演慘劇，致民主制之完全勝利，稽延不少之時日。蓋舊政府在一時期之間，每以流血之革命恐嚇有產階級，因而獲得其擁戴。

法國革命對於民族運動亦有極大之推動，民族運動者，自中世紀以來即已發生矣。民主政治所予各民族最惡劣之教訓，或許即爲怨恨一端。此種事實，極難倖免，蓋主權在民之說旣經承認，則民族意識自亦隨而增長，於是民族與民族爭，種族與種族爭矣。是項發展與向來政治單位日趨擴大之趨勢，直接相反，當歐戰告終後，雖仍剩英法美爲眞正之一等強國，而同時創造許多以民族爲本位之新國。法國革命後，此種新因素即已乘時發展，交通工具之進步，似足減少其重要，乃反而增加其力量，迄於今日，縱使爲無足齒數之事件，如乒乓或美女比賽之勝利，俱視爲民族之光榮。或許將來必有一日，人類能體察民族主義之狂熱，終將形成世界大戰之病根，但同時政府倘竟忽視民族主義之期望，又必須冒極大之危險，故的克推多對於此點，遂採民主制所慣用之原則。

吾人可否謂法國革命僅爲宗教改革與俄國革命間之連鎖——而盧梭與羅拔士比（Robespierre）乃爲連接路德加爾文與馬克思列甯兩方之鴻溝者乎？倡此說者謂宗教改革獲得宗教自由，法國革命獲得政治自由，而俄國革命則獲得社會經濟之自由，其義實全相同，故俄國革命直可謂爲完成前兩項運動未竟之工作。其所以有此解釋，蓋由於觀察俄國現行制度，僅及於皮毛上之價值，不顧一切批評，而竟認爲已代工人建設經濟的自由也。假令即謂此說不謬，承認工人已達經濟解放之鵠的，但在其革命之過程中對於政治自由之剝削，即篤信共產主義之人恐亦不易爲之否認。今日之蘇維埃俄羅斯，其城市公民之一票可當農民五票計算，實與寡頭政治無別，蓋少數人祇知其利益之所在，不惜壟斷一切，而謂俄國在此情況之下竟有政治自由可哂孰甚，蘇俄領袖謂無產階級之專政必須繼續至全國民衆悉已接受共產主義為止，而抑考其實則亦非如此。但在另一方面蘇俄革命至少在理論上似已達到社會自由，設使一切反莫斯科之成見悉予剷除，則對其社會立法自有值得稱揚之處。然蘇俄對於法國革命之政治自由則全部屏棄之，是以蘇俄之革命不得謂為完成法國革命之工作，且由其演進上觀察，此兩種自由蓋不能並肩而立焉。

吾人於法國革命，倘由普遍觀察而進於局部之觀察，則立遇矛盾之現象。當革命戰爭與拿破崙戰爭，聯軍佔據巴黎，實行休戰之頃，一般人之信念以為不獨已驅科西康（Corsican）之恐嚇於歐陸之外，且以為在政治原理上，已恢復巴士底獄未傾覆以前之狀態。維也納會議又努力完成武力未盡之工作：由是凡因革命失國之舊君，一律復辟——惟威尼斯日諾瓦兩共和國則於壓迫之下依然存在，神聖同盟（Holy Alliance）之組織即用以防止民主思想之復活，當各政治家由奧京重返本國之頃，似已重將專制措之於泰山盤石。第事有出人意表者，即民主政治當其失敗之日，乃為其成功最大之時。縱有梅特涅（Metternich）之警察，俄皇之科薩克兵與尼坡里（Neapolitan）之監牢，而民主政治之原理，竟一往直前，所向無敵，故其結果在維也納條約簽字後半個世紀之間，歐陸各國，莫不公布含有民主性質之憲章：其間惟一例外，即為俄羅斯帝國，而再過五十年，亦相繼而亡，卒變為弒逆之民主國矣。既遭敗衄之政治理想反征服戰勝之思潮，正如歐戰後十年，戰勝之協約國，反採用一致攻擊之專制政治之原理也，在維也納條約之簽訂，至一八四八年之革命，其間專制與民主，時起鬪爭，此時之專制往往祇有招架之功，更無還鎗之力矣。

同時吾人勿以爲復辟後之各國君主，全無思考之能力，單以武力爲阨困民主思潮之工具，故主張以正統主義之原則爲政府之基礎。在法國革命之前，尙未發生此種觀念，其首倡此說者，乃路易十八世也。倘路易十八較乃弟稍爲幸運，則在今日將稱爲十九世紀大政治家之一，而爲近代法國之創造人，彼不僅深知武力爲抵抗理想之惡劣工具，幷知其所有之武力至爲薄弱；因此，遂以正統之地位爲其登極之理由，加以查圖伯蘭（Chateaubriand）與塔勒蘭（Talleyland）腦力之輔佐，克善始終，迄其平安崩殂於床第，猶依然爲法國之帝王，此後學校生徒咸知其爲可愛的路易氏也。不幸路易十八用以辯護其復辟之理論，變爲爾後君主之宗教，且爲無數暴君之恕詞。吾人於此，以一八六〇年克拉倫敦（Lord Clarendon）致帕茂斯敦（Palmerston）函中之意見觀之，殊饒興趣也。其言曰：「專制者乃一種政治制度，且爲可畏之制度也；但亦如其他政制然，固有其規律及習慣，此種習慣蓋無往而不似也。尼可拉斯（Nicholas）驅策波蘭人千五百英里之遠，終生從事於地下之工作。拿破崙第三遣法人而之喀陽尼（Cayenne），以死於熱症，皆爲疑忌之心所驅策，而對於一切思潮，則竭力壓抑之。奥大利於小民，則偵探之，拘囚之，鞭責之，不問其爲男或女也，至於教皇與納普爾斯（Naples）王之所爲，則尤不堪問矣；此等君主之所爲，雖盡人知其違反人道，足致其不幸之臣民一切幸福於絕境，而無一不自認其行爲出於神授之特權，以保持其絕對之統治權焉」用此種方法，以正其過分之行為，自不能不失卻人民之信仰，故結果遂證其為反抗民主政治之低劣工具也。

當十九世紀之上半期，雖尚有為舊制辯護者，然知識階級則日集於民主主義旗幟之下，其所以致此者，拿破崙時期之壓迫實負其責蓋在路易十六時，其思想較第一帝國時期自由多矣。惜白克（Burke）早死，不及集合游移之威權階級，但傳衣鉢於汪金池（Von Gentz），汪氏雖在今日不復為人省憶，而在當時則極有勢力，而為有史以來大宣傳家之一人也。查闕伯蘭與郭子標（Kotzbue）均擁護復辟運動，而路易十八又為博大之文藝保護者——賴馬丁（Larmartine）供職於其禁衛軍，桂卓特（Guizot）為輔宰之一，而囂俄（Victor Hugo）亦為熱心之正統主義者，——迄其臨死之期，以往文學與威權同盟之事，似有復興之可能。迨查理世十世之登極而破裂之局以成，七月革命之工作，卽少數新聞界與著作家之所為也。自是以往，文學與民主政治，遂攜手同行矣。

吾人於此應將浪漫運動（Romantic Movement）及教育發展加以論列，而舊黨之反對教育發展，誠屬不智也。牟拉氏（Charles Maurras）或係健在最偉大之法人，曾指出文學方面經典派精神之衰頹與民主膨脹之密切關係，而多數新運動之領袖，當其晚年，對於政治問題，皆主張應予改進也。斯可特（Sir Walter Scott）雖身為王黨，但為同輩中之例外，而拜倫（Byron）則直與敵對之民主運動相結納。浪漫運動確曾着重中世紀之某方，但未以科學方法研究中世紀之情況，所以引證往事者，要為搜求一種武器，以反抗經典派之傳統，此種傳統乃垂斃之舊制所依以爲據者也。歷史家亦然，多站在民主政治之立場，迄乎教育發達，其影響遂浸潤社會之各階級。擁護舊制者愈欲防止知識潮流，則彼輩及其主張亦愈爲一般提倡知識者所厭惡。尤其在英國歷史思想變爲顯著之自由傾向，惟在最近數年，其態度始大爲改變。此時剛纔萌芽之報紙，亦咸爲自由鼓吹，而少數思想家如孔德(Comte)輩之反對民主政治，蓋不啻曠野中之呼聲而已。

然而舊制雖極衰弱，但自維也納會議，歐洲政治家正式爲民主制營葬之後，苟非因工業革命，造成中產階級之興起，則民主制是否能餘燼復燃，燎原之速，良屬疑問。工業革命最後之結果，在一世之後，爲使威權復興，而在當時其直接之效果，則爲完成推翻專制之工作。第一爲產生一種新階級，第二爲使政府經濟之關係多於政治之關係。開明專制雖強半由於美洲發現後商業發達之結果，但至十九世紀之初葉，其方法已成極端舊式，且無改革之意向與能力。不第此也，工業家已成新時代之驕子，而在舊制之下，固絕無工業階級之地位。情形既屬如此，無怪中產階級所以羣起而致力於民主運動也。試觀歐洲歷次革命之發生，其實際作戰者咸爲工人或農民，而收其實效者厥爲有產階級，且往往爲一種有產階級——一個格蘭斯登，一個爹亞士或一康諾瓦士(Canovas)——領導國家之命運，雖然有時亦可得一同情之貴族，如加富爾或帕茂斯登其人者爲之統治。故當政權由軟弱之貴族手中逸出時，卽被中產階級所掌握，於是制定憲章以鞏固之，不論憲章之根據如何，要爲集中管理權於其掌中而已。然有歷史以來，任何時代，以政權集中於社會中之一個階級，亦許未有如十九世紀歐洲中產階級之甚者，且此時期，文化有飛躍突進之勢，凡此皆由此一階級之才能與忠心所致，而此一階級固非常常能獲得其應得之酬報焉。

法國革命之進展，對於英國之直接影響，反予民主政治以阻礙，惟其最終之結果則爲促進之。當法國國民會議最初開會之際，在英國一般人之信念，以爲法國之所爲，不過爲重演英國百年以前所嘗試者。然不久其現象漸爲人注目，而有產階級遂羣起保衛教會與國家之現有制度。於是有白克（Burke）起而攻擊法國革命及其一切工作，而在二三十年之間，所有舊時黨派之區別，幾至完全消滅。其有產業損失之可虞者，不問其以前究屬何黨，無不變爲保皇黨，其壓制民主思潮之兇殘，使人回想古代野蠻時期之方法。例如柯克斯（Edward Coxe）在特拉華迦（Trafalgar）時代所作之詩云：

『使非而似是，
執政正強梁，
在華爾樸時，斯爲雅各派，
其在皮德時，則爲賈可班！』

此種殘暴，不但施之於贊成巴黎暴動之份子，即僅主張議會改革者，亦遭同一之懲戒，然議會改革之意見固皮德（Pitt）少時所嘗提倡者也。往日巴黎禁止葡萄彈之射擊，以防秩序之擾亂，在英國則猶賡續施行，加以經一長期戰爭，使喬治第三之人民，不能同時兼愛國與民衆運動而一之。故三十餘載之間，英國對內政策，採取公然壓迫之原則，且其壓迫之對象，又無分改良派與革命派之軒輊焉。

假定英國之王黨在平時亦能表現戰時之同等能力，則其情形自得維持甚久，顧不旋踵間乃證明加富爾所說之眞理，即謂吾人得賴『槍頭刺刀爲所欲爲，惟不能坐於其端耳』是以任何國家斷不能永久專恃壓制政策足以安邦定國。自是王黨遂亦漸次分裂，別而爲愛爾登 (Eldon) 輩之屬於純粹反動，與康甯 (Canning) 等之變爲進步派，而輝格派則與自由派互相攜手。時論者咸以爲英格蘭不免步法國之後塵，而起革命，迄乎天主教之解放，得以平安施行，而後人皆知議會改革足以達到憲政之要求，故結果即從此途進行矣。其在今日吾人對於一個議案，其目的不過要求擴充數萬中產階級之選舉權，何以能使一方則拚死以求其實現，而他方則極端憂疑，殊不可解。然而此案之雙方固各有其理由，因此案一經通過成爲法律，則關係非淺，蓋自是以往，英國歷史在一方面爲正式結束一個時期，而同時又爲之開創新紀元也。自第一次改革案通過至一八八五年，再由此至於歐戰開始，其程度上容有少差，然英國政權悉爲中產階級所支配，而在第一次改革案未通過以前，則政權悉爲少數之貴族所掌握。職是之故，吾人研究英國一八三二年以後之政治史，可於下章討論其他相聯問題，同時研究，尤爲便利，但在開始討論法國革命對於歐洲他國憲政發展之影響以前，必須將英國王權衰落之起因表而出之，因其於過去百年史中實爲一顯著之現象也。

自一六八八年革命之後，尤其在漢諾瓦王朝登極以來，因喬治第三早年努力於王權之恢復，費格派之勢力爲之稍殺。喬治第三採用「分而治之」之政策，收效甚宏，恢復之權力，雖未能達於斯條亞特王朝之同等地位，然無論如何終較其乃祖離漢諾瓦抵倫敦以來任何時期爲高。然因其一方有心中之悲哀，他方又因其在美洲獨立戰爭時期行政上不幸之表現，此種試驗遂減殺不少。第除上述事件之外，則終其生固較其後嗣控制臣工之力爲大。至於喬治第四，實爲英國或任何國家君主中最可輕鄙之一人，彼既令王權大爲低落，又使君主爲人嘲笑，顧從純粹憲法上觀察，則喬治第四亦不過受迫而承認天主教之解放，王權方面並無顯著之隳失，故除其個人品格不論外，亦有尙足稱述者，是以勒士李 (Shane Leslie) 最近仍爲喬治第四辯護，謂其足稱爲人君云。乃弟則具有往日航海王傑姆氏第二之一切弱點，惟臨危難之時則無其搖曳不定之態度而已。威廉不顧一切，隨意所之，竟反對改革案之通過，而最後仍簽署之，加以又缺人品上之尊嚴，暴露「望之不似人君」之弱點，而乃兄則以清朗之豐采，使人莫測其高深。從全部觀察，大抵英國王權經喬治第三恢復至相當程度之後，至威廉第四逝世之日，實際上比之二十年前並未低落幾何，但君主之制度，已漸不受人民之歡迎，而當維多利亞承襲乃叔登極之日，共和思潮已甚洶湧矣。

法國當十九世紀上半期，爲改革與反動互爲起伏之時期，惟衡而平之，則民主政治佔有優勢。自拿破崙失敗至七月帝制之覆亡，可爲分三個階段，卽路易十八、查理第十與路易斐浦三君之在位是已。此三階段各有其重要之意義。

路易十八者後世對之殊欠公允，其目的在實現其團結之政策，且幾能完成其工作徒以年邁力衰，加以柏利公爵 (Duc de Berri) 之被刺，迫其與笛卡慈 (Decazes) 脫離，使之不克於波本朝節鉞之下將法國新舊兩方之美德合而爲一。彼所頒佈之憲章，右派雖極鼓噪，而終其生維持至於不墜。從路易十八致各大臣手諭中，得證明其態度原爲以「天下爲公」之義，爲統治法蘭西民族生命之力量，不使任何局部有發展過分之病。其策略卽爲法蘭西民族化，同時使法蘭西忠君化耳。當其在位之十載間，法國顯有安然達到按步發展之可能，且前已言之，一般知識份子因王室之獎掖，多數亦擁護王權。由以後情事驗之，路易十八所鑄大錯，亦有數端，——卽彼對於帝國傳下之行政機關相信太過，且未恢復各省之自治，但此等錯誤，並非使其制度失墮之主要原因，故於此處不得責之過甚也。路易十八持正統君權之原則，以抗「自由平等博愛」之說，確能表現爲第一流之政治家，且使大部分人民深信在其威權之下，較在一切鼓吹家所欲實現之制度下，生命財產尤爲安全。是以在路易十八之世，法國民主思想所得甚微，惟當此老王晚暮之二三年間，以其無力行使其政策，始稍有進展之機會。在法國史上，自一七七四以來，惟路易十八未遭放逐或上斷頭台而死，亦屬難能可貴之事也。

查理第十完全爲極右派所包圍，故其在位，使乃兄苦心孤詣以求團結新舊勢力之努力，悉付東流，彼固未始不欲繼續乃兄未竟之工作，但因乏辨別眞僞之能力，以致全部事功，竟於六年之間斷送無餘。其實亦極欲聯合兩積不相能之勢力，惜不知使用適應抉擇之方法。高爾西(Pierre de la Gorce)對於法國十九世紀歷史之研究，爲一般學者所欽佩，氏於波本朝舊支被推翻之理由，斷然認爲最大之原因，卽在查理與教會聯盟之故。當十九世紀之第三期，耶教所受法國革命之打擊，迄未恢復元氣，故法國之教會幾無於虛設之門。而其高級之教士皆從舊時貴族之賢者擇之，下級教士亦能克盡厥職，堪爲法國教士之光榮，故從全體言之，原應爲任何國家所矜貴，惟其弱點在缺時代之同情。當路易十八臨死時，統計大學畢業生中，其間約有十分之一服務於天主教會，至於聖西爾(St Cyr)之學生，悉由盡忠王室及教會家庭挑選而來，然實際則往往爲朋儕中之笑柄。路易十八本爲懷疑派，故容許人民對宗教之懷疑，故絕無過估教會勢力之虞，然其弟則信教誠虔，於是被教會之外表所欺蒙，以致與英王傑姆第二同其命運，而失國寶。

顧查理士之犯此錯誤，原屬極易之事，因其既欲倚重舊有之組織，以爲援手，而其尙存之舊有組織，鮮有能爲之助者。在革命之前，法王以四種基礎爲根據，卽貴族，軍隊，省自治，與教會。此四者之中，惟最後一種，孑然猶存。貴族因財產之損失，而消失其勢力，軍隊則多同情於拿破崙，而各省特權，又悉成過去之事實也。在此情況之下，無怪查理士所以乞靈教會矣。而況斯時又有新敵人之出現，爲其先輩所未聞者，卽報紙是已，卽在今日，猶有人主張惟教士始能答辯報端主要論說者。今之報紙，目的在消路之擴大，而不在政治之效力，故吾人於一世紀以前之情形，頗難了解，蓋是時之報紙爲新起之物，讀者每從頭至尾，仔細卒讀，不若今之草草過目而止，故如憲政報(Constitutionnel）與論壇報（Journal de débats）之爲復辟後之君主之勁敵，無或疑焉。著參亞士傳記之亞禮森教授（Professor Allison of Yale）最近發表，謂七月革命爲少數記者之所爲，至其發動，蓋不過爲報紙長期宣傳之達於頂點而已。

路易浦立斐之帝制，原建築於虛僞比類之上，故其驚奇處非其失敗之匆促，而在其生命苟延之久。蓋其存立係根據一種理論，以爲英國一六六〇年之情事與法國一八一四年以後之情事，有極相類似之點。在表面上實有相同之處，然對於兩國情形甚爲熟習之桂卓特與參爾士龍，應知其相同之點固絕不完全也。英國之所以爲立憲君主制，實以費格派爲之基礎，而費格派又以宗教改革起家之有產階級爲其骨幹，——換言之，其基礎在一種法國所無之階級上：加以英國議會政治實有傳統之習慣，至於對海之歐洲大陸，則此種傳統在一般人民心底上既無根基，亦未能養成之。是以當查理士第十之失敗，似極有採用共和之可能，其所以避之而不用者，半爲畏懼引起歐洲各國之干涉，半因中產階級畏懼買可班人之過激行動有重演之虞。於是路易斐立浦被推爲王，以其更無他道可行也。故情況不變，則斐立浦得安於位：於此有足注意者，在過去一百五十年間，法國所曾試驗之各種制度，包括一八七一年市區政治，惟七月帝制至今不復有人主張恢復。其餘則均尙主張恢復之者。但在路易斐立浦統治之下，法國卻有長足之進步，最近有一作家佛理裘（C. R. T. Fletcher）竟謂法國人民在路易斐立浦時代，其所享之自由，實較以往或以後爲多云。路易斐立浦之地位，雖極不鞏固，然苟知因工業進步國家正在急變之中，則仍可避免放逐而死，但不獨斐立浦本身，卽其羣僚亦無一能見及此。而在比利時，同年建立同樣性質而乏傳統基礎之王國，則至今猶存，惟李阿樸 (Leopold) 較路易斐立浦年富而力強，且未以其國與他國作虛僞之比類耳。故七月帝制及其所代表者，實不曾法國史上之駢枝。其所以失敗，卽因其既非立於傳統，亦非建築於武力，而其結局則與查理第十被放逐之尊嚴，及其在西當投降之幽憤，頗異其趣。反對者謂爲暴露「一切舊帝制之舊裝而缺其光彩，有復辟之舊飾而乏其尊嚴」。然要之，則其失敗蓋由於不能應用英國政治思想於國情根本不同之國家耳。

假定謂七月帝制之本身爲法國史上之駢枝，顧其所以發生之情形，則至今猶影響於法國之政治。因路易斐立浦於一八三〇年篡竊同姓王位後，波本王朝兩支之鬬爭，綿延至五十餘載，以致右派分裂，而甯願以法國之統治權交與革命派。自香波德伯爵 (Comte de Chambord) 之死，王黨重歸於好，但至此時，恢復王室之機會則均已錯過，加以拿破崙派愈與保守主義相混同，（至少在應用上相同）右派之分裂遂積重而難返矣。是以卽在今日，謂法國第三共和國之所以存在，非因擁護者勢力之大，而係反對派之脆弱，實非過當也。在若干方面觀察，法國民族雖爲歐洲之最保守者，而因此之故，遂不能不屈服於革命主義之政制矣。

西班牙舊制之隳敗，已於一八〇八年法國之侵入及王族之幽囚於法蘭西兆其先機。其整個政府機關，久已集中於君主一人，一旦去位，卽如羣龍失首，舉國皇皇，莫知適從。加士底參議會之決定取得統治權也，殊爲猶豫，而其地位亦至不鞏固，加以參議會中且有同情法人侵入之嫌者，故其成功至不可靠。同時當抵抗法人之進程中，將達（Juntas）乘時而起，（所謂將達者卽議會之性質）各地將達上感受中央將達之統轄，而中央將達之會議，則視軍情之變動而改易集議之地點。此項組織盡忠於斐迪南（Ferdinand），一切事務，均以其名義施行。一八一○年中央將達遷移至卡德慈（Cadiz），因其爲尙存愛國派手中數城之一也。至此遂解除其職權，而授政於攝政參事會（Council of Regency），但在授政之前，先召集全西班牙兩院之國會（Cortes），而併兩院爲一院。此種辦法純爲革命手段，因憲法上幷無此項團體之組織，而當亞拉貢與加士底兩王位合併時，未嘗採呂安與加士底合併時之辦法，幷非組織單院之國會也。及其開議之時，兩派互爭雄長之事實立卽表現：在一方面一部分人體察西班牙不甚需要代議政治，又不知斐迪南果將如何憤怒，竟於其出亡時，激進如此其速，而在他方，則又有一部分人深受法國思潮之感化，決定於固定政府暫時中輟之際，使之見諸實行。後一部分之實力悉在沿海口岸，而沿海各口岸素爲過激份子之巢穴，當此之時，惟此一部西班牙人能派代表出席國會，無怪極端派人數能佔最大多數矣。攝政參事不久卽感覺在新起主人翁牽掣之下，不易行使職權，於是宣告辭職，而由與國會意見一致者起而代之。最後於一八一二年，國會竟成其工作，——幾忘卻所以與拿破崙開釁之理由——而宣佈足資紀念之憲法，此項憲法自產生以來，其名仍維持至今也。

此項文件之主要點，卽在確定西班牙爲一立憲世襲君主國，由君主與一單院制之國會主持政權，至於國會之選舉，係由年滿二十五歲有選舉權者行之，惟代表之實際選舉，則係間接的，且包含四種不同之程序。此項憲法是否能適用於有數百年代議制習慣之國家，原爲一爭議之點，但在十九世紀開始，不能適用，乃無疑義。此項憲法使君主與教會均立於附從之地位，然斯二者乃自斐迪南與伊沙伯拉（Isabella）以來固爲僅有之組織也。而一八一二年憲法最重要者，卽爲對於南歐各國所生之影響，至在實用上，則幾同廢紙耳：自拿破崙失敗以後，二三十年間，每次叛變，不但在西班牙本國，卽在葡萄牙，比得蒙（Piedmont）與納普勒斯（Naples），均要求制定一八一二年同樣之憲法，直至十九世紀中葉，共和主義之興起，始漸爲人忘卻之。

不久之後，卽證明反對此項憲法者，其揣度國人心理，較擁護派尤爲正確，蓋自各省恢復主權後，其代表亦參加國會，於是自由派之多數，立形減少，該派份子深知大權行將旁落時，對其主張要求愈烈。於是乃解散國會，另選新議員以充之。自由派費九牛二馬之力，僅獲多數，而斐迪南又行將返國。彼等竭力設法限制斐迪南之行爲，欲迫其對一八一二年憲法宣誓服從，而卒無效。斐迪南初尚模棱兩可，不置可否，以觀察輿情之趨勢，迨抵加特龍內亞（Catalonia）博得羣衆熱烈之歡迎，彼立知不必再事因循，於是於華崙西亞（Valencia），宣佈新憲之無效，幷將全部舊憲法恢復之。自是以後，其第二步卽爲逮捕一切自由派之領袖，遂使西班牙史上重要之一葉宣告終止。

因早期憲法之爭，西班牙產生兩個政黨，爾後百年間之政府，均在兩黨交替掌握之中。保守黨包含教士一大部分之貴族，以及全國多數人民；自由黨以中產階級爲基礎，其後則依賴大城市之暴民，但在唐卡洛派運動開始，使敵黨內部分裂，則除暫時勝利外，絕鮮希望，正如自由黨之勢力因共和之失敗，與社會主義之發展，而自行渙散，予保守黨在一八七四年得以利用其機會。然兩黨之裂痕，永遠係純粹政治上的，而未嘗含有社會的性質，故西班牙最古之姓氏，均得於過激派與共和派中發現之。

斐迪南復辟後之政府，不但極端專制，且絕無振作之望，一八二〇年之叛變，乃因其無能而非因其專制過甚也。自維也納會議否認西班牙爲頭等强國之後，國家光榮減色不淺，又以美洲殖民地一一宣告獨立，人民遂愈形不滿。後因李哥（Riego）之煽動，軍隊作亂，於是各大城市相繼響應。一八一二年之憲法遂復採爲西班牙之根本大法，但依然不切實用，以致三年之內，全國形成無政府之狀態，直至法王路易十八遣派軍隊入境，維持秩序，恢復斐迪南之王位止。此後西班牙在斐迪南統治之下，得享和平，但斐迪南死後，以其女伊沙伯拉代乃弟唐卡洛（Don Carlos）承襲王位，又造成恐怖之局，其嚴重幾與法國同時發生之變亂相等。當伊沙伯拉及其子在位以及其孫登極之初年，全國極端保守派不但不擁護王室，且力事反抗之，以彼輩均贊助唐卡洛之要求也。在此情形之下，無怪伊沙伯拉在位之大半時期，均由自由派控制政權，正如法國然，右派之分裂，卽左派之活動機會也。

其在意大利與日爾曼，在十九世紀上半期，民主運動之進行，與民族統一之爭混而難分。兩國當法國革命及拿破崙戰爭之期，均飽嘗民主主義之滋味，對維也納會議之恢復舊制，均表不滿。然兩者亦有其區別：在意大利所謂舊制之代表者爲外國——奧大利及其陪臣，至於日爾曼，則不問其恢復後之政府何等專橫，然無論如何終爲本國人。職此之故兩國民主主義之發展，其途徑遂各不相同，是以在意大利，當初似更無成功之望，反較其鄰國早能實現，至在日爾曼，直至歐洲大戰之終止，始完成其基礎，而僅在意大利廢棄民主政治之前四年而已。

拿破崙失敗後之三十年間，意大利半島無時不在野蠻叛亂與野蠻壓迫之中。關於此等無數叛變之細情，吾人於此無庸贅論，但知其爲時既久，則民主信徒分爲兩大壁壘——共和派因受馬志尼 (Mazzini) 之影響，主張以建設共和國爲目的，并相信惟以暴動始能達到其目的，另一派則爲溫和派，其後以加富爾爲領袖，主張以沙懷王朝 (The House of Savoy) 統一意大利，如在可能範圍之內，甯願以外交手腕出之，而不願見之兵戈。因一八四八年共和計劃完全失敗，於是後一政黨遂佔勢力，并由此派之努力，或者由加富爾靈敏之外交手腕，意大利卒歸一統，但早期鬬爭之記憶仍未消滅，且遺留暴動之因素，使意國政治往往受其擾害。歐戰以後，此種暴動之記憶，死灰復燃，而由暴動之結果，泛繫主義賴以成功。

其在日爾曼，梅特涅之鐵腕奏效，比在意大利爲多，雖在漢諾瓦，伯浪斯威，與黑西 (Hesse) 多少有間斷之亂事，然直至一八四八年止，革命思想並未形成大規模之動作。迨一八四八年變亂之作，除一般人認爲不及預料外，並非十分嚴重，雖其影響所及甚大，而其直接之效果甚微。當普魯士王威廉 (Friderick William) 拒絕帝冕時，使世界已知自由主義不足以統一日爾曼，此種教訓，在日爾曼人民或俾士麥均永遠不能忘者也。蓋民主主義之信徒，不知利用良機，建設自由政府，統一日爾曼，故不至一九一八年之十一月，不復思有以控制政府矣。在哈蒲斯堡王朝統治之下，民主運動，到處備受摧殘，但每一次運動必留有紀念，故不久維也納始恍然大悟，民主政治如兩頭之蛇，不過徵遭損傷，而未嘗斬殺之。

第七章　民主政治之極盛時期

自一八四八年革命，迄於歐戰爆發，其間五六十年，民主政治不但在歐洲大獲勝利，卽在全世界各文明國，亦所向無敵，而與此項發展同時進步者，厥爲人口之增加，此點蓋早期民主政治之宣傳家所不及預料者也，加以工業發達，又產生無數新問題，不能不有待於解決。故當民主政治凱旋之日，卽發現若干事實，卒致若干民主國家於敗亡，正如以往他種政體，當其覆滅之日，其內部卽早已崩潰矣。然直至歐戰之開始，民主政體仍有進無疆，而欲明瞭此時之政治所受民主主義之實際影響，不能不將歐洲主要國家之憲法演進加以研討。

英國在十九世紀末年，亦如十九世紀之初年，爲舉世公認之模模自由國，吾人得於英國民主主義之進步證明之：英王勢力日削，內閣權限日張，人民選舉權日趨擴大，巴力門之組織，自第一次改革案通過至歐戰開始，八十年間，始終爲全國最高之權力機關。此四項發展，卽爲英國憲政史上祕奧之所在也。

欲明瞭英王之地位，必須謹記自一六八八年以來，英國爲一純正之立憲君主制，而喬治第一及其後繼之所以爲英國之君主，係由於巴力門通過之法案而來，——卽一七〇一年之立君法案（The Act of Settlement）：蓋喬治等幷無世襲之權利，苟以世襲一端而論，則在今日較喬治第五有優先權者，不止千人以上也，而最有資格者爲巴伐利亞親王魯蒲利（Prince Rupprecht of Bavaria），卽英國正統派所謂羅伯特第一與第四（King Robert I and IV）是已。吾人須知自一六八八年喬治到英之後，君權並未以法律再加限制，前章業言及之，自此之後，諸王在憲法之下，曾以各種方法建立其權力。威廉第三（William III）嘗親自處理外交事務，並統率軍隊於疆場。安尼（Anne）常出席內閣會議，及上議院之辯論，且要求任命內大臣，須由其自由選擇，而不容有政黨之限制。吾人業已述及漢諾瓦王朝諸君主在朝時，君主之地位，迄於維多利亞登極，關於君主是否爲國家政治上主要份子，抑係傀儡之性質，猶爲一般人爭辯之端：卽在革命後之慣處辦法，雙方均不少先例可資援引。

及於近年，一般人以爲王權之減削，係起於維多利亞死後，而非當其在位之時，其實則此說絕無根據。此說或係由於權力與威信觀念混淆而來。維多利亞及後繼二君確曾增高英王之威信，達於英國史最高之度，但其間有不能欺蒙吾人者，卽其主動力量實已降落幾至烏有矣。吾人仔細檢閱維多利亞女王之信札，卽知其權力之低落無可隱蔽也。如李雪泥爵士（Sir Sidney Lee）嘗云『伊嘗屢次手諭一內閣大臣曰「將決不同意」於此種或彼種提議：然遇必要時，則又照樣爲之正式簽署。』兩大政黨中之自由黨持白芝浩（Bagehot）之觀點，以爲英王「如經兩院無異議通過，則彼必須簽押其本人之死刑判決書」。此派意見可於其最大領袖格蘭斯登之言概括之：

「喬治第三時代之理想與實施，君主意志得限制內閣大臣之動作，必不能接受，否則內閣大臣無異於闒茸之順從，成恥辱之屈服，皆足以危害公共之幸福，而從最高意義言之，即爲對朝廷之不忠也。設使將來承襲王冕者，要求任何一部分最後的優越的或獨立的權力，則將爲朝廷之不幸而危殆之日至矣。」

保守黨之觀點，自底斯拉里以其本人之見解爲該黨正式之見解後，雖在實行方面與自由黨完全一致，而理論上則稍有出入。底斯拉里使維多利亞爲印度女皇，不過增加其威信，而非擴張其權力，氏於著作方面雖喜攻擊一六八八年之威尼先憲法(Venetian Constitution)迄爲內閣總理時，初未嘗反對之，而沙里斯堡(Salisburg)效之，而曹守蕭規焉。至女王之所以與保守黨內閣大臣較與自由黨意見相合者，卽大抵因其同情於其政策，而非因彼輩允伊有較多之獨立行動也。及其死後，君主所有之特權爲對於人民之赦免，巴力門之解散與召集，內閣大臣之任免，宣戰與媾和之批准，條約之締結，土地之割讓，貴族之授予，官吏委任之提名。此外則得拒絕議案之成立，但此項權力，自安尼以來卽未行使之矣。茲引白芝浩之言如下：

「吾於本書（卽英國憲法）嘗言之，假令有人告訴吾民究有若干事項女王可不經巴力門之商議，得以自由行使，必至驚愕，蓋當女王以特權廢止軍隊中購備之物（其後上院貴族反對之），全國咸爲驚異，可爲證明也。但照法律上之規定，女王可不經國會同意之特權，此固不算一重要之事也。他且勿論，舉其大者，如得解散軍隊（依法伊不得招募超出某項之兵隊，但伊固不願招募任何軍隊）；得將總司令以下一切軍官一律免職；得解散海軍；得出賣一切戰艦與一切海軍軍械；得犧牲康瓦（Cornwall）以締結媾和條約，亦得與人宣戰而被人征服，不列顛島得授予英國一切男女公民以貴族之頭銜；得使每個教會區成爲一大學區；得免多數文官之職；並得赦免一切罪犯。總之，女王以特權得一反政府之所爲，得以宣戰或媾和，使全國屈服，且得解散海陸軍備，使吾人全無防禦之能力也。』

自維多利亞之死，英王已被剝奪一切特權，而最奇者，即保守黨之懷疑王權，較自由黨尤甚。今者減刑權由內務部大臣行使之，一切條約須送國會批准，英王之召集或解散國會，必依內閣總理之策劃而行。在理論上英王固仍有自由擇任內閣總理之權，而在事實上則惟有以反對黨之首領充之；近年以來，事實上彼得獨立判斷者，爲當駱波納（Bonar Law）辭職，而鮑爾溫（Baldwin）與古鍾（Curzon）均有繼任之資格之決擇而已。在此情形之下，故謂英王爲已成爲傀儡，固非過甚其詞，而最近百年以來，王室之所得在威信，而所失在實權。行政仍以王之名義施行之——此不過爲方便計，而非因其他理由，而自上次帝國會議之後，英王遂爲連絡帝國各部分之鑰鍵，然而其權勢則已剝奪殆盡矣。

此種發展乃爲一六八八年革命之自然結果，因此次革命使英王屈服於國會，遂不能不由國會攘奪國家一切有效之大權。然而吾人必須注意王之特權雖未嘗應用，然在憲法上賦予英王之大權，固仍不少，惟因其久未應用，是否仍未裁撤，乃屬疑問而已。

王之所失，在理論上則國會所得，而在實際上則內閣得之。底西教授（Professor Dicey）論之至爲明晰，其言曰：

『內閣者事實上實爲國會的執政也，蓋內閣閣員，雖係採用間接的方式產生，且得由下院撤回之，而必須於國會之上下兩院之議員中選擇之。但在表面上名義上，一如往昔內閣同非國會執政；各個閣員均爲王之臣僕，且在形式上係由王任免而非由國會之下院或整個國會所任免也。』是以內閣在名義上爲英王與巴力門之臣僕，而實際乃爲兩者之主人翁焉。

設有一近代之亞里士多德，根究今日英憲中最高權何在，其結論必謂在於內閣，故依其意見定英國政治之界說，必將謂爲寡頭制，或貴族制，而其民主制之形式者也。自一八三二年改革案以後，內閣權力之所以能發展無礙者，厥惟在國會內外厲行黨紀，其程度之高爲各國所不及耳。且自晚近通過巴力門法案後，更進一步，蓋此案之要點，卽確定下院之多數，卽足以控制政府，而文官考試制力量之增進，悉賴內閣制以完成之。個人在國會之力量雖甚卓著，然已日趨降落，此事之證明，可見於最近內閣總理極其雄辯之能力爲修正之祈禱書辯護，卒不能獲得下院多數之贊同，以其爲以個人資格發言也；然而一經黨之鞭策，則雖有不少黨員大施哮咆，而內閣往往獲得勝利。十九世紀整個時期內閣權力日趨增加，蓋一方面適用王之特權，而他方面又爲代表下議院爲民主政治作舌人耳。

一八三二年之第一次改革案不過爲爾後三案之先鋒，是以一世紀之內，英國由極小範圍之選擧權，擴充至一切成年人均有選舉權。此種進步，在事實上實爲必然的，而費格派之主張，謂巴力門之改革達於某種程度後，卽不應更進一步，自始卽不能維持。從十八世紀末至十九世紀初五十年間，各藩屬派遣大部分多勒派代表至衞士米內斯特（Westminster）歷史家謂在此情況之下，費格派之改革主張，並非全合眞理，而尤其當該派當權時則鮮聞此種論調，此種斷語殊有可恕之點存焉。費格派之希望似以爲新選民應表現感激之忱，而產生少年新進之士，及其他因教會及王室崩潰而起之貴族代表，以恢復最初兩喬治當國時之快樂時期也。數年之間，確如彼輩之期望，但爲期不久，此等新起之世家，例如皮爾族（Peels）與格蘭斯登族（Gradstones），因經商起家者漸浮於社會之上層，於是新獲選舉權之中產階級，亟思乘貴族勢力之崩潰起而自代之。此項改革命遂不久卽證明爲改革案之開端，而非其終結，且勞工階級開始卽有願選舉多勒派或社會主義派之趨勢，而不願選舉費格派或自由派也。關於婦女選舉權之開放，現在尙難逆料，而最足注意者卽爲當一次普選實行時，自由黨卽遭選民之打擊，至今尙未能恢復元氣也。

吾人欲知英人此時對政治問題之態度，自不能不對於政黨代議制所表現之下院之實際組織，予以更進一層之觀察。關於本題之研討，可分爲兩端說明之，第一爲自第一改革案之通過，民主觀念流行以後，巴力門之任期及政治上之複雜情形，第二爲下院與選民之關係。政治統計往往爲黨的利益所支配，故不免有令人懷疑之處，但此種數字，如完全以客觀態度觀察之，則其有助於思考者，固亦不少。

以巴力門之任期觀之自十九世紀以來，平均爲三年零八個月。而尤奇特者即在以前之有限制之選舉與近代之普選，其所產生之巴力門均在平均數字之下，而一八三二年至一九一八間所選出者，則常超過此項平均之數字。如吾人轉而考核歷次巴力門之政治情形，則吾人必爲之大吃一驚，如上所述，凡限制的或極寬大之選舉，反於保守黨之主張爲有利。在過去一百二十七年之間，五十九年爲保守黨佔下院之多數，但其中有三十三年或係在第一次改革案之前，或在歐戰以後所產生者，至於中產階級當權之時，從一八三二年至一九一八年間，計自由黨執政者凡六十年，而保守黨則不過佔二十六年而已。

關於下院與選民關係一層之研究，祇能限於極小之範圍，蓋無充分之搜求，則一八九五年以前之數字不能獲得也。然而此種限制，其重要固非如吾人初見時所表現之甚，因在此時，不但有九次普選，且此時之政治已入於近代化，其所關係者多爲經濟社會之問題也。自一八九五年以來，選民在普選投票之數，平均爲百分之七十九，而此種數字乃係將每次選民之總額減去因在該區毫無競爭而不克履行投票手續者。再將歐戰以前五次普選加以研究，則證明其平均數字爲百分之八十四，至於此後四次之普舉反降爲百分之七十三。其最高紀錄爲一九一〇年正月之普選，選民之投票者竟達百分之九十二，此雖爲最高潮，而一九〇六年及一九一〇年十月之普選，均相差不遠，蓋一爲百分之八十九，而一爲百分之八十七也。以此與停戰後之選舉較之，則停戰後之選舉相差遠矣，停戰後第一次普選雖達百分之八十五，而一九二二年與一九二三年之普選，則僅超過百分之七十四而已。此項統計可以證明投票人數愈少則愈爲保守黨勝利之機會，惟上次之普選則爲例外。此種理論可以一九〇六與一九一〇年兩次自由黨勝利，皆以由於投票人數特別增多之故，而保守黨之勝利，往往爲投票人數較少之選舉獲得之，此即足以證明此論之不誣也。而附帶可說者，即停戰後選民投票成分之低落較其應表現之數字爲尤小，蓋早年之統計包含一大部分之重複選舉權，因有以地理的限制不克履行投票權者，而自一九一八年人民代表法案通過後，則每個選民俱得履行投票手續也。

此外有一極有興趣而又極重要之研究，即關於前此數次普選之結果，其選民之成分與其所擁護之政府之關係是已。由此點判斷，自一八八五年以來，（此爲有統計數目之開始）無一度之政府堪稱取得選民之多數，此時之平均數爲百分之三十二。而由此層觀之，近年以來，英國最強之政府乃爲一九一〇年正月普選所產生之愛士葵斯（Asquith）之政府，總計有全選民百分之四十二投愛士葵斯之票，而最弱者爲麥唐納之政府，因其產生不過全選民中五分之一投彼之票也。關於此處，戰前與戰後亦有相當差別，蓋戰前擁護政府之選民平均數爲百分之三十七，而停戰後之平均數爲百分之二十七也。至鮑爾溫之政府，乃由全選民三分一以上所產生者焉。

從全部觀之，十九世紀之英國政治，其顯著之特性，即在穩固二字，此由於巴力門能繼續開會之故耳。巴力門威信之所由來，蓋因其爲英國惟一之組織，五百年以還未嘗具體改變其形式也。在外觀上，巴力門依然與愛德華第一（Edward I）時，毫無二致，至於君主與教會則自宗教改革以及革命以來，已經滄桑之變矣。吾英人習聞愛爾蘭議員於一千八百七十年至八十年之間往向議長挑釁發生一種因訕謗而生之類似恐怖之情愫。革命運動如卡提主義(Chartism)(一)之類雖未嘗無有，但不能發生劇烈之變化，蓋英國保守派勢力之分散，尚未達於容許搗亂之重生，如彼法國西班牙之情形足以擾害政治生活之程度也。雅各派之主義業已消滅，雖因穀物法案致保守黨分裂數年，但反對革命之勢力並未因之而脆弱，一如西班牙唐卡洛黨(Carlism)之所爲者，假令吾英亦有一斯條亞特王朝之後人，伺攖維多利亞之王冕而有之，則亦未始不能發生同樣之情況矣。故英國政治生活之基礎在空前之物質繁榮，彼共產主義未崛起之前，因未嘗遭受劇烈之變革也。

偶爾觀之，現代法國之政治似與英國政治之基本原則完全不同。在法國方面，自一八四八年以來，政體或與精神俱有劇烈之變革，其現制之存在，雖已近六十載，而其前途極難逆料，而在英國方面，其所採用之憲法——與傳統觀念並無嚴重之裂痕——乃在隨時變更以應新時代之需要。倘吾人更進一步觀之，則見二者在十九世紀，俱爲中產階級所壟斷，雖政體不同，而中產階級之壟斷，因兩國政治生活上顯著之特性也。法國之有產階級之維持威權尤著成效，故至於今猶得握有全部勢力，至於工業化之英國則因無產階級之進逼，中產階級漸次退步矣。

七月帝制之推翻，有產階級大吃一驚：當時首相巴羅特(Odilon Barrot)當暴民衝入政府瓦解之頃，猶向國會宣言，謂回復十八年前之處置，可以全無問題。洛易斐立浦(Louis Philippe)即爲中產階級所提出，惟革命黨則不承認其孫，同時又無他人足以替代之。在此情形之下，其惟一出路厥爲守株待兔，以待機會之來臨。彼等欲保全因革命而獲得之政治社會利益，並於一八三〇年重行確定之，但不願政府鐘擺右傾之程度，足以促成社會革命；職是之故，有產階級在恐慌來臨之頃，均一致集中於一能維持秩序與私有財產任何領袖之下，而各種不同之政治家，如洛易拿破崙，克勒蒙梭，與樸音開雷者，均爲求達同樣目的而賦予獨裁之權力。如以路易十六查理第十與洛易斐立浦對其敵人之怯懦，比而觀之，則中產階級每當危險之時，莫不一致拚死以求財產之保護。故當一八七〇年九月四日第二帝國之傾覆，未嘗出一言以置可否，惟於翌年市區制革除時，則對於一切賡續而起之破壞企圖，盡力以壓抑之。法國政府在平時常有容忍反對派之令名；但有產階級之優越地位，苟有動搖之虞，則容忍之政策必隨而變更，雖採用最嚴厲之壓制方法，亦所不惜矣。

在此情況之下，吾人可知當第二共和國之建立，彼曾統治法蘭西十八年之階級，所以發生恐慌之道矣。第二共和國之成立政府也，其重要角色中有著名之社會主義者如路易白郎（Louis Blanc）與工人亞爾培德（Albert），同時又提議建設國家工場以收容失業工人，主張採用男子普選制，并擬以紅色旗幟替代三色國旗，以致發生極大之恐慌：故有產階級一致團結，皇皇然欲求一保護者以免除無政府之危害。於是物色路易拿破崙以充其選，因恐社會主義之來臨，不惜盡畀予路易拿破崙所要求之任何權力，正如往昔在同樣情形之下所予其叔父者也。其實當此危殆之日，路易拿破崙乃爲必需之獨裁者也。吾人於此對於第二共和國所以終了之細情，原無詳敍之必要。其實在原因即爲社會主義之恐嚇；而近因則爲由普選產生之總統與非由普選產生之國會間，發生爭執、總統謂能代表全國，而國會則不能代表之，其後經民衆總投票之結果，又復證明之。第二共和國之失敗，實爲一種極好之教訓，即由人民直接選舉之總統，往往足以危害共和制度。近時米棲蘭（Millerand）主張恢復總統由人民直接選舉，其所以贊同寥寥者，即此之故也。

關於描寫拿破崙第三之書籍，爲數雖多，而拿破崙第三固仍爲一悶葫蘆，其所依據之政治原則，亦復如此。爹亞士（Thiers）之敍述第二帝國也，謂爲「一屈服於民主之帝國」，吾人欲另爲定一界說，實難乎其難。因其以民衆投票爲根據，故承認其威權建於人民意志之上，但在初年則對於一切人民代議制之運動竭力抑制之；實則倘以爹亞士之界說更進一步解釋之，則第二帝國者得謂之爲以頭立地之帝國也。然拿破崙第三以對外自由對內壓迫之政策得以維持於一時，苟中產階級視彼爲防止社會革命之惟一堡壘之信念，繼續不墜，則將聽其自由行動，不置干涉。顧帝國連年窮兵黷武，毫無物質上之所得，遂不得不漸爲輿論折服。而拿破崙始知勢不能不以代議制爲帝國制度之一部矣。在一八七〇年正月渥利華（Emile Ollivier）受命組閣，計有人民代表八人參加，同年五月所謂自由帝國（新內閣總理所加之名目）竟由民衆投票以七百萬票對一百五十萬票之絕對多數擁護之。即拿破崙第三之勁敵甘必達（Gambetta）亦相信帝國已較健全，孰知不及四月之久，竟消滅無形乎？設使非德法戰爭之故，究能苟延幾時，固難逆料也。第二帝國既滅，於是巴黎復飽嘗暴民行動之滋味，第三共和國與第二共和國雖有不同，而其爲左派少數政客與新聞家所領導則一。

法人大多數對政治理論，較之實際應用，尤饒興趣，而自第三共和成立以來，此種特性尤爲顯著。因對第二帝國之剛性帝權發生極大之反動，結果爲產生一種憲法使行政受立法之支配，而大總統不過爲一傀儡。此種事態之來源甚爲奇特，在法國史上亦留其痕迹。當帝國覆亡之後代表會議時，頗有主張恢復波本王朝者，其所以未嘗立刻實行者，半因欲以共和政府擔任簽訂對德屈辱之條約，半因帝制派本身不能決定究應屬之查理第十之孫香波伯爵，(Comte de Chambord) 抑應屬之路易斐立浦之孫巴黎伯爵也。迄時日稍久，共和思想漸獲優勢，是時帝制派互相調和之結果，決定以香波伯爵立爲亨利第五，又以其無嗣，故以巴黎伯爵 (Comte de Paris) 承襲其位。而最後又以香波伯爵力持恢復舊國旗，遂使全部計劃坐敗垂成，麥馬洪將軍 (Marshal Macmahon) 謂此項主張足以使帝制派自行分散者也。因此帝制派爲暫時便利計，遂接受共和制度，但以前事殷鑑，乃制定一種憲法，規定執政人員絕對無權，使凡爲總統或內閣總理者不復有抄襲路易拿破崙故事之可能。而其計劃之所在，蓋欲俟香波伯爵之死，卽迎巴黎伯爵乘機登極耳。

然不幸制定此項憲法之帝制派，不久於上下兩院，均失其控制之能力，而巴黎伯爵亦因放逐而死，惟此項工作則流傳至今。法國憲法制定以來，猶無重大之修改，米樓蘭嘗提議擴大總統權力，卒遭否決。而法國因缺乏英美之嚴格的政黨系統之故，下院分爲無數派別——上院黨派分裂之程度較少——至其辯論乃不過爲各派宣傳家一般原則之陳敍而已。內閣總理之執政也，必須調協下院各派之意見，故其結果，一切改革均勢所不能，惟嘗有危險之虞時，例如最近因財政困難之故，始敢有所更張。內閣閣員遇有困難，亦不能訴之人民，蓋憲法規定，下院必須屆滿四年，不能中途解散也。旣屬如此，吾人得謂法國現制之存在，非如英國之依賴組織，而在依靠不斷之偉大人物，如甘必達，華爾德盧梭（Waldeck-Rousseau），克勒蒙梭，與樸音開雷等，彼等深知如何之工作也。輿論對於此種狀態，不過容忍而非贊成之，中產階級祇求優越地位不生恐懼，則一聽下院與政客自謀出路，不加掣肘。是故第三共和國由調和而存在，亦由調和而維持。婦女選擧權之擴充，果否能使民衆態度有所改變，則殊難逆料矣。

關於政黨之紀律，雖未能如英美之嚴格，且亦非政府堅實之根基，然在第三共和國之下，其政治輿論，則國家主義派與左派之分化，亦極尖銳。兩派各包下院之多數小派，但未能吞併形成如英美兩大政黨之形式。其差別多關於政治原則，而於實際行政之特殊方案者甚少，此種態度，與其國民性實有深切之淵源：盎格路沙克遜民族多注意於統治者之方案，而於其原則則不求甚解，法人反是，視原則較方案爲尤重要，——究竟何種態度爲合理，實爲一爭論之題旨，但兩者均不可偏廢，固毋俟覼縷焉。是以吾人謂法國國家主義派與左派之意見，係代表心理上之態度爲多，而代表方案上之差別較少，固非過論：前者相信威權足以維持法國與鄰國之利益，同時必須抑制國內一切破裂之趨勢，至於左派則希望人民獲得充分之自由，並希望採用國際合作之外交政策。關於政制問題，雙方內部之意見各自紛歧；雙方均有主張共和制者，而國家主義派中亦有拿破崙系與帝制系之混雜，左派則不乏社會主義與共產主義之份子。

此種政見之紛歧，蓋至第三共和國成立已久始形顯著。其在第一時期，則爲佛蘭克埠條約與市區制之遺影所籠罩。此兩種勢力在布蘭鳩（Boulanger）時代開始衝突，然而直至德勒佛事件（Dreyfus Affaire）始表現其裂痕之深。自是以往，發生若干政治暗殺與醜事，益增其分裂之程度。此種衝突，吾人將於次章見及之，從若干方面觀察，對於國內之影響，猶不及在國外之大，但因此而使由憲法規定已經半身不遂之執政元首愈形微弱，則無庸疑焉。假定兩派思想凝結而爲政黨，則不但爾後在選舉上政治鐘擺之彈動必較前劇烈，而法國政治上久成特性之不着實地之風格，亦無論如何得以剷除。

其在西班牙，一如法蘭西然，因右派在十九世紀大部分時期，自行分裂，使民主主義漸獲優勢，否則，斷不至此。克利斯丁納（Crestina）以斐迪南第七（Ferdinand VII）之命爲伊沙伯拉（Isabella）之攝政，初不願遂戾乃夫之遺策，其所以改變政策實迫於不得已，良以右派幾一致追隨唐卡洛（Don Carlos），於是此攝政太后乃不得不與自由派攜手，以致多數自由派悉擁護君主立憲，假令在專制政體之下，則將爲共和主義派矣。

斐迪南死後，伯馬德志（Zea Bermudez）爲首相，彼與攝政，當初均無改變政策之傾向；但如上所述，克利斯丁納不久即知苟無自由派之擁護，則無以拒抗唐卡洛，故爲取得不可少之幫助起見，遂不能不轉而左傾。伯馬德志（Zea Bermudez）之爲首相，人極平庸，於一八三四年公佈王室法典，惟此項文件幾同翻譯路易十六復辟時之憲章，則仍不能滿足自由派之願望，當此之時，其尤嚴重者，即軍隊上有不滿之表示，結果發出一種宣言，此項宣言在十九世紀之第二第三時期，實爲一特出之情事。自由主義在軍隊中宣傳者爲軍曹，復因軍曹官之無能——因軍官中能駕御兵士之唐卡洛派均因政治關係而離職，——以致彼等之影響愈形增長。大城市之暴民因受宣傳，其意見亦變爲極端，與法國革命時正復相同，於是發生無數暴動。然此種鬪爭未嘗變爲社會的性質，故無論在共和派或帝制派中，俱有西班牙最高貴之氏族參加。

一八三五年門地沙伯(Mendizabal)爲首相，門氏爲一自由之信徒，故希望立憲政府之實現，但門氏與當時一般首相同，毫無特殊能力，是以另以一與攝政意見相同者替代之。至是過激份子革命之態度亦愈趨堅決，爲實現憲政計，遂不惜訴之武力。各處皆有起義之事發生，而在格蘭遮(La Granja)一役，攝政與伊沙伯拉均被遞捕，遂強迫攝政承認一八一二年憲法之恢復，一切要職，均任命過激份子充之。並召集國民代表會議，通過壓制二千餘所教堂之議案。然一八一二年之憲法，即擁護最堅決之份子，均知其不適於實用，乃另行制一新憲。新憲較一般所意料爲中和，因其已增高君權，同時亦規定兩院之制——其實即以路易十八之憲章略加修改以合於自由之義而已。但中央政府因革命風潮時起時伏，不能執行職權，故西班牙之實現鞏固政府，蓋經過無窮之痛苦而來也。照新憲選舉之結果，保守派反獲多數，於是立即通過限制選舉之議案。因此之故，而愛斯帕特羅(Espartero)又有領導軍人革命之事，卒致推翻政府，而另委新攝以代克利斯丁納。

愛斯帕特羅攝政兩年，兩年之間變亂時起，而一八四三年又被保守派與失意之自由派聯合推翻之。此後十年之間俱爲保守政策之施行，先後負責者爲納瓦慈（Narvaez）與繆理欒（Murillo），一八四五年修正憲法，將國會權限大加裁減。然而不久即知伊沙伯拉之統治將與其母攝政時如出一轍，而其結果絲毫不爽。伊沙伯拉之地位原甚難處，因自法國侵入以來，所有政府原有之傳統觀念俱已擊爲齏粉，而恢復之君主制，以較查理第三（Charles III）時代，又至缺乏效率，不能博回人民舊時之信賴，而在他方，過激派與方興未艾之共和黨又主張惟實行民主制，始足以挽救西班牙之危局，且彼等之藥方又未曾加以試驗，憑空否認殊非易事也。其尤要者厥爲大多數人民對於政治漠不關心，而凡於政治有興趣者，不爲唐卡洛派即爲過激派耳。伊沙伯拉之統治既無依據之原則，全國任何部分之民衆又無足依靠，良以中產階級尚未形成，而信奉教會與君主者，不但不擁護伊沙伯拉，反集中於唐卡洛旗幟之下。在此情形之下，爲之君者，乃不得已而乞靈於國會偶然結合之團體；即此亦已終止，因軍隊長在叛亂之中，而將領則專一於政權之奪取，不復厲行風紀矣。伊沙伯拉之地位本已無法維持，又益之以驕奢無度，遂絕望矣；西班牙忠君思想因唐卡洛派之運動，早已動搖，而女王則根本破壞之。若伊沙伯拉之所爲，直欲舉王室惟一之支柱亦撤而去之，其所竭力消毀之感情，卒賴其子與其孫以全部精力始行恢復也。

一八五四年，因阿當納（O'donnell）領導軍隊革命，保守派之政府又倏然了結，於是愛斯帕特羅起爲首相，而不久又被阿當納推倒，阿當納遂執政九年，其成績實較其先輩爲多。其後因伊沙伯拉拒絕承認意大利之統一，迫而辭職，此後五年因內部變亂層出，對外又與智利祕魯作戰失敗，遂日形式微矣。一八六八年第一次發生直接反抗王朝之叛變，因王室軍隊之戰敗，伊沙伯拉乃逃亡法國之邊境。

吾人之所以詳敍西班牙此時多難之事蹟者，非因其本身之重要，乃其所留之紀念——惟恐其捲土重來——使大多數西班牙人每與代議制互相聯想也。而自伊沙伯拉逃亡後之八年，凡有思想之西班牙人，均知其非由民主原則之支配。當伊沙伯拉出走，王位虛懸，伊沙伯拉高呼求援時，西班牙曾一度建立由外國君主統治之立憲制，惟大多數西班牙人則否認之，又曾一度建立共和國，而又以政治家對憲法究應以聯邦制或單一制之爭，久而難決，故一般具有攸久歷史，且驕傲性成之西班牙人，對於此種制度自不能珍重之，而況具有第二次唐卡洛戰爭之一切錯誤乎？似此多難之秋，西班牙人永久難忘：於是不得不竭力防止失意份子復採革命之方法矣：尤其當對美作戰失敗之後，全國人民對於唐卡洛或共和主義之鼓吹，均無反應之興趣。一般西班牙人在政治上類爲現實主義者，凡有改革，既均不免擾亂之增加，自不如維持現狀之爲愈矣。益以伊沙伯拉當國之種種不幸，此種國民特性遂變本而加厲，賴西班牙王亞爾芳蘇（Alfonso）提倡民族復興，始稍減殺之。

復辟之後，維持至一九二三年，因李勿拉將軍(General Primo de Rivera)之政變，始告一段落。在理論上係建設一種酷肖英國之政體，但以選民之差別，故其實際應用，相去遠甚。第一因一切實權俱在地士豪(Cacique or Local "Boss")之手，除少數大城市，其選舉權較普遍外，國會議員之產生，皆由士豪所推舉，而非人民選出。故其情形與法意相同，代議機關未能自動運行，必須賴一二強有力之領袖司推動之責。當康諾瓦(Cánovas)與薩迦斯達（Sagasta）輪流爲相時，一切俱極順利，但二人死後，繼起之康納勸進（Canalejas）與大圖（Dato），雖號爲能者，而皆被刺以死，於是保守黨自由黨均自分裂，至是則復辟後之一切設施之推翻，乃僅爲時間問題矣。在此整個階段中，軍隊力量實爲之後盾，亦因軍隊之力卒舉立憲政府而結果之。在歐洲各國，惟西班牙軍國主義色彩最少，然亦惟西班牙之軍隊，在政治上最有勢力，此種顯著之矛盾現象，其祕奧即在軍隊較國會尤能代表民意，蓋西班牙國會之選舉，不過僅計人頭之多寡而已。其情形與羅馬帝國時代之軍隊相同，因羅馬軍隊亦遠較元老院爲能代表人民願望，其證明即可於兩國人民均追隨軍隊領導見之。

假定謂英國之實權在內閣，法蘭西第三共和之實權在下院，則西班牙之實權，乃在君主。依其憲法上之規定西班牙之君主爲「統而不治」（The King Reins but not govern）而實則過去五十年間君主乃往往不能不統而治之。良以選民既於政治漠不關心，而大政黨又裂爲若干小系，故在恐慌之際，苟非君主自作主張，則國家不免混亂矣。近代西班牙之三種實力爲君主，教會與軍隊，而在上述情形之下，無怪三者爲全國利益計，所以團結甚緊也。吾人於前面業已申述右派因唐卡洛主義之故，在一時漸形式微，且因之而召百年之困難，但邇年以來，創痕已復，惟左派則愈益衰落。蓋一方面因西班牙短命共和國之失敗，他方又因葡萄牙共和國可憫之狀態，可爲殷鑑也。而一九二三年九月政府之建立，即由君主軍隊與教士同盟產生者焉。

西班牙政治演進，久爲歷史家完全忽略，殊爲可異，其結果使最外間對該國情事，悉被誤解。而一切關於該國政治上之批評，遂流於荒謬。自半島戰爭以來，西班牙之歷史雖較法國艱難略少，而較之英國則其阻障良多，顧政治學者對於混亂之政治其價值蓋較治平政治爲大，故西班牙之情事所以不可忽視之。西班牙所嘗制定之各種憲法，不問其爲英國式法國式，要足以表示凡外來之政治理想與方法極難同化，至於外國政治哲學所用之形式，（卽體制）則自度過俾倫尼斯山脈（Pyrenees）後，未嘗不能適用之。假令謂中世紀西班牙之議會爲了解該時期重要條件之一，則近代西班牙之發展，同爲不能忽視其義一也。西班牙人固屬於現實主義者也，其政治理論比其鄰國亦較切合於事實。職此之故，西班牙之歷史亦不容忽略，例如底士拉里，其自身卽帶西班牙之血統，嘗云：『世間事物至爲奇特，其小者反較大者尤爲重要』

十九世紀時，無論英法或西班牙，莫不因開明專制之墮敗，民主主義，遂爲一時之好尙，惟德國獨異於是。西班牙王查理第四及其子斐迪南，對法國侵入時之情事，均自欺欺人，容頭過身，而日爾曼之處同樣恐慌時期，其行爲則迥然不同：在西班牙爲革命之「將達」派組織抗法之團體，而在日爾曼則係舊政府自行抗敵，此種教訓在後代所不能忘卻者也。一八四八年日爾曼自由派得勢，完全表現無能爲力，使注重實行之日爾曼人造成一種惶惑之心理，復因其統一之計劃宣告失敗，以致數年間備嘗其惡果。於是自由派之勢力日失，保守派則日趨邁進，結果爲俾士麥之鐵血政策卒將皇冕加於普魯士王，而非由佛蘭埠之選舉會中自由之理想投票所產生。德意志帝國以右派爲基礎，帝國存在一日，則其力量亦以右派爲源泉。直至歐戰告終，德首相之應付批評家，猶以彼等過去屢次之失敗斥責之。荷恆卓倫王朝手造德意志帝國，故歷代德皇必不令其臣民將此事忘卻之。

同時有一至饒興味頗值吾人注意者，卽澈底反動如威廉第一與俾士麥者，無論如何，在形式上亦採用民主制，而思想自由——在文字上——則以憲法擔保之。卽前德皇最專制之日，亦未嘗有修正憲法之意，而將一八七一年德帝國建立後之政治詳加研究，則吾人以爲不論表面如何，民主制確有長足之進步，當歐戰前最後一次選舉，社會主義派竟獲四百萬票，並於國會佔有一百一十席之多。內閣閣員雖爲對德皇負責而非對人民代表負責，亦須順從代表以取得多數，正如法國內閣總長之所爲者，故其現象似有於數年間發生新舊之衝突。故統治階級取得新生命之惟一出路，卽在戰事之勝利，在促成一九一四年大戰者之心目中，此種思考，固嘗極端重視之。此種辦法原爲孤注一擲，假令戰而果勝，則民主制之完全實現，又必須再延長二三十年矣。

俾士麥及其後繼之對內政策，在抑制自由派而揚舉社會黨，以均衡左派之勢力，此種轉移勢力之辦法，近年以來，全歐各國皆一致採用，而最先發見者卽德國也。前已言之，德國自由主義因一八四八年統一德意志之工作失敗，減色不少，俾士麥利用此項弱點，則欲完全摧殘之。然而彼之成功，終久發生嚴重之結果，蓋一般平民既非天主教徒，又軍國主義者，除投社會黨之票外，別無決擇，是以當一九一八年帝制推倒之後，除社會主義之政府起而代之外，更無其他政體可以建立也。鐵血宰相之反對天主教也，其所獲功效不及反抗自由派之大，以致末年乃不得不被迫而爲第一度之妥協，而其對內政策之最後結果，厥爲使全國僅有兩個有組織之政黨，以致成爲裁決帝國命運之勢力。同時一方因十九世紀末葉德國工業飛躍突進，他方又因若干王室之倒塌，皆足以助民主之勝利也。

迨德皇威廉第二出亡荷蘭，社會黨自然握有政權，則見其不過爲自由派之改頭換目而已。停戰以後，社會主義到處皆日進溫和，而德國尤甚，其理亦不在遠。因自由派之消滅，使向之屬於自由派者悉行加入社會主義之壁壘，而共產主義之勃興，又將其激烈份子吸收於馬克思旗幟之下，社會主義遂不啻壽終正寢矣。加以德國自帝國建立以來，國家經營之事業早著成效，而國家一切意向與目的，在社會黨柄政以前早已社會化矣。今日德國之社會黨選民，如在英國不啻爲溫和之保守黨，而在美國則爲民主黨或共和黨而已。至於帝國覆亡以後，憲法之制定，雖其選民以社會黨佔多數，而其受自由思潮浸潤之程度，實較社會主義爲深。顧在德國，政術與政客之關係，實較吾人意想者爲少，因政府力量實以文官考試爲基礎，在十年之前雖略有動搖，而在今日則不徒已復舊觀，且有更進一之成效矣。

德國之統一既由舊勢力所造成，故民主政治之實現亦稽延五十年之久，而意大利之情形反是；蓋在此間其新國家之組織與民主政治同時並進，但其結果則反於德國開始採用民主制之頃反廢而不用。加富爾(Cavour)之政綱與俾士麥相反，因加氏屏棄以皮德蒙(Piedmont)爲意國普魯士之理想，且贊成將皮德蒙吞沒於新國之中；同時加富爾雖不願參與馬志尼(Mazzini)之革命策劃，但主張代議制則異常堅決。氏嘗答右派批評者之言曰：吾人得以刺刀爲所欲爲，但不能坐於其端。且縱使加富爾有偉士麥之意，然於其所採之策略外，不易別尋出路也。而在德國威權常與國家主義及排外主義相聯繫，但在意大利半島，所謂威權，乃指可惡之教皇與奧大利之統治而言。皮德蒙人在教會的與南方諸國中，並非卓著聲譽，如欲強以皮德蒙人凌駕全國，則惟有使其平生精力所致力之業付之東流而已。由加富爾觀之，但求達到目的，而不問手段如何，然吾人又不得謂加氏對於民主之主張爲不忠實，蓋舍此無法統一意大利，故於此萬不得已之舉，誠心容忍之。

在泛繫主義降生以前，意大利之弱點，卽因加富爾不幸恰死於功成之際，此後又無政治家能運用彼所建設之政府機關也。彼克利斯披(Crispi)與幾阿里太(Giolitti)者，不過爲巧於運用國會之多數，其餘不足觀也矣。正如法蘭西然，代議制度本屬無根，全仗人物蔚起，始得應付裕如，而意大利則未之見焉。法蘭西之民族傳統觀念，有千餘載之歷程：西班牙之君主，軍隊與教會：德意志之文官制度，各於最足輕鄙之事件，卽拉斯金(Ruskin)所謂「世間沙丹尼嘉年會(Satanic Carnival)中之木偶戲」，卽「以羣衆拉線之巴力門」，極救國家於危境也。而在意大利，則此種保障無一存焉。蓋民族性，君主，與軍隊，其資格尙新，教會則立於敵對方面，而文官考試制度則猶未存在也。除此項弱點之外，猶有工業之發展與離心力之動作，是故可異者不在破壞之速，而在其能維持至如此之久。

意大利民主制之所以繼續衰頹，其線索可於意大利民族性求之。其對奧國及其附庸，爭回自由，喚起愛國心之熱，實爲近代所僅見，但至墨索里尼出現以前，意大利無一政治家於必要時知乎如何運用已表現之國民能力。加富爾因鼓動向心力破除離心力完成偉業，而其後繼徒知利用國會中之某派傾軋異己，藉以維護職位，同時因襲國會之方針，以執行大政，遂貽惡果於無窮。「分而治之」(divide et impera)之策略，苟用之於外交，本爲極妙之格言，倘施之於內政，則除有特殊情形外，難免遺患於國家。除一二例外，意國首相幾無其他政見，惟知玩弄玄虛，挑撥離間，捭闔縱橫，實行以甲制乙，以丙扼丁之術，及其末年，竟與其舊敵奧大利聯盟，使一般曾效力疆埸或犧牲一切以謀龍巴地(Lombardy)與威尼斯(Venice)脫離奧國鐵蹄者，莫不爲之大驚失色。職是之故，無怪意國復興派(Risorgemento)均隨悲觀潮流而走，而在政治方面不久遂形成革命的社會主義，迄歐戰告終，意大利不能達到其希望中所應得之利益，愈使一般人民怨聲載道矣。於是政府各部漸次形爲一般之瘋癱症，其問題乃在推翻代議制果應由右翼抑由左翼執行耳。

歐洲除西歐中歐之外，十九世紀後半期與二十世紀初年，民主政治之勝利，有進無疆。新興國家如塞爾維亞，布加利亞等成立後，均採用英倫或巴黎派之典型，而制定最代議制之工具，即最古之專制國如俄羅斯，波斯，土耳其，均自願容納若干民主原則，至於葡萄牙與中國則破除長久之傳統觀念，實行採用共和國體。時間愈進，舉世政治不問其名稱如何，似有趨於統一之勢，其足以致此種情態停止進行之勢力雖業經存在，而除少數先知先覺者外，仍多漠然視之。無論左派或右派對於民主制之進行，似均不能爲害，推當佛蘭西氏斐迪南大公爵(Archduke

Francis Ferdinand）在塞拉吉華（Serajevo）被刺時，則世界史上之新紀元乃又隨而開始矣。

（註一）Chartism係指一八三八年英國激烈派所要求之「人民約章」（People's Charter）所包含之原則等；其要點為要求普選，巴力門每年改選一度，選區之新規則，廢除財產為當選國會議員之資格，同時並要求國會議員為有給制。

第八章　民主政治之衰落

十九世紀後半期至二十世紀歐戰爆發以前，固爲民主政治之極盛時期，而在同期中，亦發生劇烈變動之力量。正如中世紀與開明專制之例證，一個階級之終止雖似突如其來，實則已非一朝一夕之故，歐洲雖如美洲發現，法國革命同爲人類史上轉變之關鍵，然其本身固不能對爾後一切變化完全負責。對於民主原則之反動，在奧國大公爵被刺以後，卽已萌芽而知識階級，亦業已醞釀反駁之論。

現在政治上最顯著之現象，卽爲趨向威權方面之運動，其理智上之根據，究爲如何，在英美兩國絕鮮注意，其主要原因，或係因現代之英美著作家對於此派思潮未嘗有卓著之貢獻耳。其不滿現狀者多注目於經濟方面，而未留意於政治自梅因（Sir Henry Maine）五十年前於其民主政治（Popular Government）一書，對民主制詳加究詰以來，一般英美重要著作家均一致默認民主政治爲統治國家之不二法門。近年以來確有一部分思想家；其中著名者如柏樂克（Hilaire Belloc）曾著論抨擊英國政黨制度，然其影響是否已波及一般人，倘屬疑問，故可謂一般中之例外也。

而在他方若葛蒿齊（Don Antonio Goicoechea）者，吾人於前曾述及之，其行政經驗甚爲豐富，而關於反對民主制之理智方面亦極重要。氏於所著近代憲政之恐慌(La Crisis del Constitutionalisimo Moderno)一書嘗曰：『自阜蘭尼(Verlaine)，布脅尼(Brunetiére)，鮑格特(Bourget)，巴勒氏(Maurice Barres)，克脅德(Cluedel)等對政治學倡言反動理論以後，已別闢蹊徑，而形成波德克(Henri Bordeaux)，莫拉氏(Charles Maurras)，陶德(Leon Daudet)，柏特蘭(Louis Bertrand)，華洛氏(George Valois)之偉大』；氏並引柏浪特(George Brandes)以證明法國近年右傾之趨勢。葛蘭齊對此影響之大，非同幻想，可更於同書引證之：『對於巴力門制度之失望，已成一般人之意見，而同時一般人之態度，對其沿襲之罪惡則無不深爲責咎，不問其究爲自動抑係被動之表示，要爲崇拜自由之舊心理已由新的威權替代之結果也。』

其所以使文學界反對舊制而開生面之原因，吾人業已略加討論，惟欲尋得其源泉殊爲不易耳。墨索里尼自稱受尼采之影響甚大；而葛蘭齊之來源可於哥德與孔德求之；而最近有一作家賴翁女士(Miss Aline Lion)則着重於黑格爾之教訓。此種意見之差別，應詳加考慮，因民主政治兩方面之夾攻——威權與個人主義——然往往其觀點有互相淆混之虞。

吾人偶一觀察，似以尼采爲反民主運動之急先鋒。尼采對民主政治之一切設施，罔斷然予以嘲諷，觀其在形成超人主義之先，即於所著希臘國家(The Greek State)中，謂『此種怪物(即指民主政治)竟當爲人類之尊嚴，工作之尊嚴，蓋爲奴隸自欺欺人之貧乏的產物也，』其詞可。於今日意大利任何泛繫黨人演說詞中見之。但吾人如更進一步觀察之，則見尼采雖爲民主制之大敵，而同時又爲一切威權，非經其本身親自評定其價值者之仇讎焉。蓋尼采在其不合時宜之思潮（Thoughts Out of Season）中，論一八七〇年戰爭，謂其爲『爲德意志帝國利益而消滅德國之思想』；蓋德帝國之所代表者，卽威權之原則也。尼采之於此等威權，無所用之——威權必須由超人行使之，否則不得行使之。至於墨索里尼之爲泛繫主義而乞靈於尼采者，恐其未嘗深究尼采哲學耳。於尼采著作中，確得臚列萬千熱烈反對民主之言論，而同時亦可枚舉無數責咎威權之言論，不幸欲列尼采於其陣線者，往往將其關於對方之言論抹殺之。

葛蒿齊之背影似較鞏固，蓋至少在孔德方面必較可靠也。孔德爲實驗哲學之首倡人，不但其自身反對民主政治，極爲堅決，而莫拉氏亦受其鼓動焉。孔德確爲宣傳反民主運動之先覺，但其影響爲間接的，且年載已經過不少，故舉孔德爲使威權說重爲流行之鼻祖，猶節制生育之運動，而推馬爾薩氏爲首倡之人，同爲不當之論也。彼孔德者，確曾開闢新徑，使後人遵行，但相隔之時間則太久矣。至於哥德，則其根據尤屬不足以取信。此詩翁固極不喜法國革命之原則，但應歸納於查圖伯蘭（Chateaubriand）與郭子標（Kotzebue）等一派，因其皆爲擁護舊制也。至於理智上反對威權之事，當其死時，尙未萌芽，故不應視爲反對威權之理智的領袖矣。但無論如何，詩人終非擁護威權之忠實份子，蓋詩人必係一個人主義者，故其結果，對於當時之現有勢力，雖未嘗不加以攻擊，而實則其攻擊之目標，乃爲現有之勢力，而未嘗必在於民主制度也。總之，孔德哥德與十九世紀末年法國著作家，其間殊無連續性之可言，葛蒿齊雖引起吾人之注意，而實則此西班牙政治家乃自動之主張，固可於其辯論中表明之。

此外則尚有賴翁女士與黑格爾為反民主運動先覺之主張。伊固未嘗高抬黑格爾為反動之開山始祖，因其能表現適當之分寸，不若其他同一見解者之乏缺分寸也。自汎繫主義取得意大利政權後，黑氏即被認為庇佑之聖人，而金提爾（Gentile）教授之所以墨索里尼之第一任內閣，得任高官者，即因其解答此項辯論也。然同時乃不過為事後之追想而已。泛繫主義在理智方面，猶物質世界之暴發富焉，亟思覓一有不可非難之尊嚴的遠祖，而黑格爾遂中其選，現在泛繫主義者之敬奉此德國哲學家，猶許多暴發富以古代世界之徽章裝飾其汽車，而實則全無關係之可言也。蓋泛繫主義之起原，全在政治經濟，而證明實與黑格爾有關係，必須先證明黑氏哲學在泛繫主義時代之前，業已為意大利理智生活方面之重要因素，然此種證據則付之缺如。在此種情形之下，吾人之結論，以為以黑格爾為泛繫主義首倡者之一，其論據尚不充分，即使有任何關係，亦未妥為發抉之也。

既謂擁護威權之運動而非起源於尼采，孔德或黑格爾，然則其起原果安在哉？吾人之答案，以為乃在十九世紀末葉法國之天主教與國家主義派之著作家也，彼輩於法國今日之文學界固猶有極大之影響焉。吾人欲將此等著作家分門別類使易明其互相依賴之處本略具困難，但彼等固顯能分為兩組，或基於國家主義之原則，以反對民主政治，或則基於天主教義以反對民主政治也。

法國國家主義因德法戰爭而起，乃為卓拉派（Zola School），悲觀的現實主義之自然反對。當初，其勢力之強弱，視其首倡者德魯勒法(Déroulède)之勢力爲消長，及其與布蘭鳩將軍(Boulanger)聯合而致失敗，遂遭極大之打擊。當其開始即對議會共和制取敵對之態度，德魯勒德亦以此項活動而致放逐。此種思想祇是一種運動，並未形成政黨之組織；各派均有人集於其旗幟之下，即在於今，猶爲保黨派拿破崙派與共和派之右翼互相連絡之鎖鍵焉。德魯勒德之後，繼之而起者爲巴勒氏，氏爲此種運動之主腦，蓋至其於一九二三年物故時爲止。巴勒氏死後，傳其衣鉢者爲莫拉氏，莫拉氏可謂爲法國最大之學者，氏爲法國行爲派(Action Francaise)董事之一，其會員雖屬有限，而於法國靑年之影響甚大，最近盧芳(Louvain)學生投票公認其爲對彼等理智方面最有勢力者。至於陶德與華洛氏二人亦然，其目的今雖不同，而見解則一致反對代議制也。

法國天主教派反民主運動發生較早，可回溯於孟特倫伯(Montalembert)之時。至其影響則發生較遲，蓋起於布倫奈題(Brunetiere)也，其後布節特(Paul Bouget)與克魯特爾(Paul Cluadel)均起而追隨之。國家主義派與天主教派對代議制之批評，極難分別，蓋雙方均主張威權，如吾人欲辨別迦斯倫腦將軍(Castlenau)所領導之愛國同盟，其原則究爲天主教義抑爲國家主義，殊屬不易也。再者各派皮相之別，往往使吾人忽視其目的之相同：例如凡提康(Vatican)之呵責法國行爲派(Action Francaise)，即因其不明此種組織，與教士之愛國同盟，固一致希望改造法蘭西現有之憲法者耳。蓋國家主義之信仰原可因多種方式表現之，不必拘於一途也。

是以吾人如欲求反民主運動之理智的根源，必須於法國第三共和國之天主教與國家主義派之著作家尋之，而不應求之於尼采孔德或黑格爾之遺著也。凡於近年西班牙與意大利大學之情形，稍能明瞭者，斷不能否認法國國家主義著作家之極大影響，而亦惟在馬德里與羅馬西首都威權獲得最顯著之勝利。伊伯利安(Iberian)半島與意大利半島往爲接受法國政治思潮最肥美之領域，謂予不信，請以墨索里尼與李勿拉將軍之政治綱領及莫拉氏之政策比而觀之，則當無疑矣。故法國國家主義首次成功，乃在其疆域以外也。

其在意大利，早期之發展頗爲遲緩。金提爾之影響，實未越出極小之範圍，而在一般民衆觀之，其反民主運動之主要因素乃爲鄧南遮(Signor Dánnunzio)，彼於各方均爲汎繫主義運動建立成功之路。意大利統一以後五十年間，使一般曾努力統一工作者莫不爲之失望，故其結果自然產生法國式之國家主義矣。其在物質方面，因利伯陽之戰(Libyan War)使此項運動遭一打擊，然國家主義派一九一五年夏間卒使意大利放棄中立之態度。同時鄧南遮及其信徒在歐戰數年間之黑暗時期，保持意大利之愛國主義，而其信徒遂紛紛投奔於汎繫主義旗幟之下，因此而供給泛繫主義運動以頭等人才。但國家主義之在意大利，幾純粹爲理智方面之勢力，雖於泛繫主義不無影響，而實則固非其基礎之所在，因泛繫主義之起原乃由於經濟也。是故吾人得謂法蘭西國家主義之運動，對於意大利之推翻巴力門制度，不過負間接之責而已。

至論及西班牙，吾人殊不易尋覓法國國家主義擴張之源泉。西班牙與英國相同，其思想往往較其他歐洲各國落伍，故當李勿拉將軍政變之明朝，即發現多數智識階級反對其軍政府。馬德里中央大學祕勒標諾教授(Professor Perez-Bueno) 固曾多年對復辟後之民主制盡力攻擊，而彭納溫 (Benavente) 之天主教主義雖在文學與戲劇方面影響日大，但祕勒標諾教授之呼聲，仍爲曠野中之叫喚而已。自巴力門制度之破產，凡公正之批評家，均承認在其取消之前，早已奄奄一息，於是舊有政黨開始思索，故結果其著名領袖，如承襲莫拉衣鉢之葛蒿齊，對一向容忍之制度，懷疑其效用，此外則尙有莫拉之子亦從事此項運動。吾人應謹記該國天主教之情感與忠君之心理極爲濃厚，故趨向威權之潛力，原屬甚大，但以其與法國虛僞的類似，極易使人誤將思想之影響估計過當，因西班牙左右兩派之智識階級均屬卑卑不足道也。

英國亦然，邇年以來，態度亦有變化，然而除一極小部分業已表現外，倘謂已採取攻擊巴力門之反動方式，則又不確。要之則對於過去之解釋，漸有不利於民主制之表示之趨向，而冥想英國歷史，則在五十年前曾炫耀一時之費格派的裝束，今已不甚時髦矣。萬千著作家證明自由主義與思想家之分家，蓋起於格蘭斯登與自由工團之破裂，然其分道揚鑣之正確時期，因非易於指出也。全國對於過去鬥爭之態度卻已改變，則至顯明，其所以如此者，全賴一般少年歷史家，彼等不啻爲法國國家主義與天主教派之分支，而歷史著作之越過海峽者，亦發生同樣之影響，負其責者，即班衞爾 (Jacques Bainville) 是已。例如英伯特利 (Sir Henry Imbert-Terry) 所著一個誤解之君主 (A Misjudged Monarch) 一書，若在十九世紀之中葉，固將無人願爲之出版，銷作者之才，對於查理士第二之描寫較馬考萊（Macaulay）之著作，蓋近於肖似也。即最極端之新教徒，亦漸知宗教改革一事得兩方面解釋之，而伊利沙伯應得之殘酷形容，乃數世紀以來則加之於其妹氏。英國固能產生最優越之政治思想家，然從未能如法蘭西所產批評家之豐富。同時英國史家之影響，雖爲第二手的，因亦極爲可觀，故今日之教訓，似將使一般受其影響者爲來日擁護威權之根本也。要之士特勒福（Strafford）苟非國家之叛逆，而係當時之墨索里尼，則斯人者其企圖旣與墨索里尼相同，固亦未嘗不能獲得多數人民之贊助焉。關於此類事件之預言，本極危殆，但今日之兒童，朝夕誨以過去民主政治之謬誤，或將不免應用其教訓於來日耳。

其在比利時，邇年以來，共產主義已根深蔕固，而反民主運動，最近亦有顯著之發展。此種革命情緒之發生，蓋由於經濟之原因，而經濟以穩固爲最重要之意義，故擁護威權之反動，亦強半起原於經濟，至法國思想對於比利時汎繫主義之影響，甚爲顯明，因其組織，純爲意大利式也。"Le Lion Aile" 一書作者諾桑伯（Pierre Nothomb）實爲華洛氏在比利時之分身，吾人將其機關報國民行爲報（L'action Nationale）觀之，則知其受"L'Homme qui Vient" 一書作者影響之大，至於另一反民主政治之莫拉氏在比利時之影響，則前已述及之矣：而最近有一天主教派之作家，宣稱此即神聖教座（Holy See）所以責咎法國行爲派（Action Francaise）之主要原因也。將來法國思想界之泰半，對於比利時之影響，尤當增進，而陶德之強留比境，自不能不有以促進之也。

其次爲羅馬天主教會之影響，關於天主教派之作者，尤其在法國方面，對於傾向威權運動所佔之地位，吾人業已詳爲探溯，然吾人尙須將整個天主教對於此項運動之影響，加以研究。在歐洲以前向新教徒及一般無知人民推崇威權在人生方面之重要者，蓋爲天主教徒之個人，但在過去之十年間則宣傳此事者，乃爲天主教會以整個教會爲推動之機關。舊時威權在歐洲各國既到處破產，故不能不另覓一種新的威權，而衆目睽睽者，卽爲羅馬是已。在理論上宗教與政治之間，原可絕無關係，顧事實上則否：一個天主教徒固得同時相信極端之無政府主義，但吾人欲覓得同時兼兩種積不相容之信念者，誠戛戛乎其難耳。倘對精神方面之事物相信需要威權，則對世俗方面之事物亦將視威權爲必不可少，因邏輯上必然之聯繫也。然此非如若干無思想能力之新教徒所謂羅馬教會，往往立於政治的反動方面——其實則適相反——之言論，足以使吾人相信不疑也；但天主教在其本範圍以內既如此着重威權，則凡與之接觸者，自不免使其對於世俗政治，預存贊揚威權之心也。吾人曾引霍布斯名言曰：「羅馬教皇者無他，卽羅馬帝國之幽靈冠王冕而棲於其墳墓上者，」並以羅馬帝國諸凱撒之威權主義爲之廣播，——有時則使其本身亦被殃及焉。

此外則因歐戰之結果，報界之態度，亦改變不少。當十九世紀時，報界往往與革命派相聯合，反抗威權，但時移勢異，已迥非昔比矣，彼革命之份子且力咒報紙爲「資本家之喉舌。」今之受報界影響最大無過於着黑衣之工人，社會主義雖竭力欲吸收於其隊伍，而有名之報紙則時以英王儲君及約克妃子之肖像刊之報端，使一般書記與商店女傭盡忠於威權，——此種情形至少在英國如此。報界態度之變更，理由不一，而其最主要者，卽爲新聞記者地位之提高，故報紙不但不爲革命鼓吹，反成威權之舌人：蓋今日去少數新聞記者煽動法京一致反抗查理第五，與第三共和之軍隊襲擊保皇派記者於辦公室內之時期，相隔已久矣。革命派之報紙銷數甚多者，固仍有存在，但以全體而論，則今日之報紙類爲立於威權方面耳。

近日擁護威權之運動，偶爾觀之，其理智基礎似已尋出，而實則並非如此顯然。夫尼采，黑格爾，與孔德俱不得稱爲始祖，而汎繫主義之得勢，雖不無意大利國家主義之影響，然其起原因顯在經濟之關係。故其種子惟於天主教與國家主義之著作中尋之，且此等著作家至今猶爲此種運動之領袖。彼等所播之種子，經過長久時期，似均落於磽确之地，直至歐戰教訓之來臨，天主教之影響，始發榮滋大。總之，布蘭尼提，巴勒，莫拉氏與華洛氏等之於今日，猶百科全書派之於十八世紀之思想——皆爲新曙先驅者也。

是故反民主原則之材料，早爲智識份子所準備，因歐戰之爆發，與戰後之結果，其所受之鼓勵尤大。然古今有一大部分之輿論，不問與事實如何相反，卻相信民主與和平乃係同一意義，而戰爭則由反動派與國際財閥所造成，迨一九一四年八月之事件，此種幻想始完全打破，蓋由此表示不論任何政體，其好戰之心均不減於其他政體之政府也。此外對於民主政治效能上之信念亦遭打擊，因其在危殆之際，亦不克保全世界之和平也。夫國家主義與民主政治之兩種勢力，一由中世主義之衰敗而勃興，一由法國革命而重起，國家主義之潛力，似較民主政治爲強，而交戰國右派之投票主戰也，持反對態度者，不過寥寥少數而已。歐洲大戰，固有史以來最大之鬭爭也，而發生於民主政治勝利達於頂點之時，此種極大之錯誤，民主政府，既不能不有以避免之，則羣衆之懷疑其價値，自不足深怪者矣。

因歐戰之發生，一般對民主制之信念，因爲之動搖，而四年惡戰之進行，蓋使其暗遭損害。於是各國莫不一致犧牲立法大權，以增益行政首領之權，而彭諾伊（Benoist）謂協約國之勝利，與其謂忠於民主制，毋寧謂爲忠於專制之原則之爲愈也。斯言也，驟視之似足驚愕，而實則確有事實之根據。其在英國，則愛斯葵（Asquit）之自由政府，在戰事發動後數月，即已倒台，其次組織第一次之混合內閣，亦於翌年遭受同樣之命運，惟在勞合喬治（Lloyd George）之半獨裁之政府，始保持其勝利。法國情形，亦如出一轍，當戰事幾無法支持之頃，惟由克勒門梭彰明之專制，始得挽狂瀾於將倒。此種行政首領權力之鞏固，自停戰以來，依然繼續，是以鮑爾溫與樸音開雷所享之威權，蓋戰前任何英法內閣總理所未嘗有者也。同樣重要者爲民主國家民衆對政府態度之改變。即一般人民習慣於服從命令，至今無改。因是各國對於人民個人之自由，莫不日加限制，而在前代甚易引起多數不滿之條規限制，今亦安然受之而無怨言矣。

不第此也，自宣傳方法發達以後，使一般政客咸知利用羣衆心理，於是亟思使羣衆受同化之作用。無綫電之關係自屬不小，內閣閣員向國會之演說，十之八九，已非純粹向議員陳詞，而係對議場外全體國民公開發言也。萬千批評家以爲此種工具可以使民主政治愈加勝利，而實則適以鞏固行政首長之地位，蓋國會之倒閣，可以隨時進行，而選民（卽已實行普遍制者亦然）之爲此，則必須四五始得施行之。以無綫電爲政府之工具可於最近之法國見之蓋樸音開甯之政府，對於保皇黨與共產黨之廣播電台，嘗竭力壓迫之也。

當歐戰告終之夕，復活後之威權原則，因威爾遜總統之游歐，忽遭意外之彈擊。威爾遜提出停戰之十四項要義，使精疲力竭之世界推之爲偉大偶像，且其權力，一言一字，幾等新舊大陸之金科玉律，自能引起普遍之注目。至其在巴黎華盛頓兩京之失敗，皆被其他情事所籠罩，而所留於一般人腦海中者，厥爲美國元首之權勢固極大耳。吾人將歐戰以後歐洲新制定或修正之憲法觀之，卽知其受美國政治思想之影響極大，縱使嘗抄襲其條文，亦嘗詳加討論而欲採取之。但此種現象已成過去，而今之認爲政治學者之模型者，乃爲羅馬而非華盛頓矣，第以南美洲政治史觀之，卽證明由美國大總統到獨裁政治，其間不過一跬步之遠而已，在運用此種模型之域，其教訓固宛然猶存焉。

此外使民主代議制，衰落之另一主要原因，卽爲共產主義之發長，此種情形，在拉丁國家，尤爲顯明。數年前晉謁西班牙王，嘗論及此題，西王嘗曰：『今日最大之問題，卽不識巴力門制度，是否能保障現有制度，以防蘇維埃精神之實現；』及其描述該國情形之改變，西王亞爾芳肅復言曰：『自管理局成立後，有一件事項業已改變——卽人民得懷金自由行動，不復畏人猛擊其頭顱，罷工風潮，亦已停息，故工場得以順利進行，而吾人之雇主，向者每晨必有工人持手鎗光臨，或圖暗殺，或強迫屈服，今已不復發現矣。』此種關於西班牙民主政治末日之描述，凡明瞭該國情形者，皆知其並非過甚其辭，而葡萄牙、意大利之情況，亦如出一轍者也。蓋政客輩祇知如何獲得國會之多數，並以爲苟能聽其自然，則革命臭味，終必自然渙散。此種方法，或許如此，亦或不必即屬如此，但混亂則紛至而沓來，政府爲避免與此種現象正面接觸之故，遂忘卻其主要之責任——即應如此統治國家是已。

假令南歐各國繼續運用代議制度，其前途果將如何，原難臆斷，但各國因的克推多之援救，得免流於共產主義之途徑，則毫無疑義焉。集產主義之原則，從萬千例證言之，誠已應用於政策之上，但一切鼓吹階級鬭爭之企圖，則嚴加制止矣。故在今日，民主政治惟於共產黨最少，及外患極微之國家，其勢力較爲雄厚。代議制度者，蓋假定人民必須由憲法之規定以伸其一切寃屈，並須服從國人多數意見之決定：而近年以來，此種先決條件，殊難實踐，蓋少數人對於中產階級民主制之規律極端頑抗，而不能應付裕如也。自墨索里尼打倒意大利共產黨成功以後，影響之大，不可言宣，一二年間，尤而效之者，爲數不尠。此等的克推多成功者固不在少，而失敗者亦不乏其人，其主要政綱，即在壓迫共產黨，亦惟此項政策，始獲最大多之擁護。姑不論其是非如何，要之則一般人民對共產主義之恐怖，已深入腦海，故不惜採用任何手段以壓制之。

吾人如舍民主制衰落之理智的與政治的原因不論，再進而論社會的原因，則知游戲之發達，影響之大，極爲可驚。蓋民主政治之運行，必須多數人民對於政治有繼續不斷之興趣，而各種游藝與娛樂，則日益吸收多數人民之心力，足使民主政治之根基遭一極大之打擊。

凡屬大規模之游戲，必係城市文明之產物。若夫農民則操作以後，既鮮餘閒，亦無餘力足以從事於劇烈之運動，更無機會旁觀他人之運動。卽在城市，亦惟上層階級始有消遣之餘暇與慾望。在古代歷史上亦莫不然。例如希臘作家描寫波斯紳士之生活，酷肖十八世紀英國鄉紳之神情。卽在今日農民之長於游藝者比較較少，故各國奪得各項錦標者，必其城市文明發達最著者而後可。在羅馬共和時代，其游藝不及帝國時代遠甚，而近代之銀杯比賽無一而非城市發達之結果。

設吾人更進一步研究之，則更可獲得進一層之證明，蓋社會上實際參加游藝者，類爲中產階級，中產階級卽城市文明最顯著之產物也。至於勞動階級因工作之操勞，已够其必需之運動，故寧願旁觀他人游玩，而婦女則一經結婚，則除處理家政以外，鮮有餘暇從事其他。若夫最上層之階級，則另有漁獵射擊，得以任意演習，不必限於附近之娛樂。是以歐洲及北美數十百萬人民之鶩集於游戲場者，大半爲辦事室生活之男女，而近代之交通工具，固得利用餘暇從事於此方向也。城市文明爲游戲發達之基礎，而歐戰則有以促進之。第一因其使一般人知新鮮空氣之利益，而向日則忽略之，至於對於汽車事業之鼓勵，吾人於各公路所見多輕便汽車，卽可見一般。十五年以前，乘坐汽車與其游戲相等，同爲少數人之專利；今則爲多數之消遣矣，汽車事業，雖無論如何必有發達之可能，苟非因歐戰之故，則達到現有之程度，良非易易。其次爲園藝，園藝本爲半城市區域普遍之娛樂，在戰時英國田地發生不少其實此種特殊嗜好，固另有重要之原因在，蓋今日英國所產之蔬菜，較之二十年前，其値必較多數十萬金磅也。

各國均有許多人民被吸收於游戲事項，在政治上社會上已發生極大之效果，將來恐有加無已也。吾人非謂任何國家之政治命運乃繫於奪獲英國棒球錦標的能力之上，猶曩昔君士但丁堡（Constantinople）之所為，其政治命運在於競技場藍綠之勝負，亦無人敢謂政黨政治乃能驚破木槌球賽之岑寂，良以今日各階級咸以其餘暇從事於游藝或駕駛汽車，則一般人民對於政治之興趣或不免日益低落耳。

試讀羅馬歷史，吾人見共和時代末年之多難，與裘利安（Julian）皇帝時代之寧謐，兩相對照，往往為之驚愕不置。吾人於此不難追索其間之游藝方面之影響；蓋彼等於政治之外，設法使民衆專心致志也。繼之而起者，均知其中三昧，於是麵包與游玩（Panem et Circenses）遂成為國家政策之格言，其在今日，此種趨勢業已發生功用，而當局者亦咸知注意及之矣。例如在西班牙，對於足球之好尚日益著名，使左派勢力為之低落，蓋因足球之故，使許多怨望份子，不復鶩集於咖啡館，而咖啡館者，即謀叛份子之聚會點也。意大利汎繫主義，亦提倡露天之活動，且謂游藝之普及，乃為防止革命之極妙消毒劑云。至於英國，則情形略異，因游藝之嗜好，既非如他國之新，而對於革命之偏執，亦非如他國之舊，其同樣勢力亦已開始表現矣。某史密斯者，每星期均在辦事室工作者也，今則於禮拜六之下午與禮拜日，乃攜女子於汽車後座而出游焉，如當天雨或天氣過冷，則有電影在焉，而在許多地方，則復有賽狗之新游藝焉；當其結婚之後，則或以其餘暇工作於屋後之花園，或者，如其能力所及，則挈其妻子而駕輕車以出游焉。若其父則有一手推之車（Push Bike）卽已心滿而意足，至其祖父則求一手推之車而不可得焉。是以彼乃不得不安坐於俱樂部或公共場所，以討論當代之政治。今之國民因有各種方法足以消磨其餘暇，而公共事務必須與各種興趣相角逐，此其所以日趨於失敗之境矣。

在十七世紀之初年，清教徒對於人類心理造詣極深，卽知游藝之復興，有害於政治者至大，除竭力以其思想方法改變人類思想外，對於各種娛樂之事俱極端反對之。傑姆氏與查理士似深明此種危機，因發表著名之「游藝宣言」焉。迄乎晚近，人民對教士及君主之曉諭，均不及向時之注意，而同樣之爭端，且已由其他方式表出之，於是三百年前之判斷，今且適成相反矣。夫游藝與駕車之日益廣播，一般政客原應首先覺察，而竟視若不關輕重，殊爲可怪，彼輕便汽車者，實爲發生一切娛樂之鎖鑰，其爲自由政治之大敵，蓋較百個墨索里尼尤爲可畏也。

由代議制之信徒觀之，各種游藝之吸引力日益擴大，其最嚴重之點厥爲影響於中產階級，而中產階級者，自法國革命以來，卽爲民主政治主要之樑柱也。至於他種政體原無需大多數人民對於政治發生興趣；不但不需要民衆有政治興趣，且積極防止之，但民主政治之成功，則全仗人民對公共行政事業之合作，而在近代之游藝未廣播以前，中產階級固爲支持民主政治可靠之原動力也。將來結果如何，惟時日稍久，自能表現，但世界上中產階級對政治興趣之日益低落，乃屬無可否認之事實，而游藝又爲其主要原因之一，亦爲無可否認之事耳。今日之選舉，選民極少表示思想之餘地，故在英國，選民成數已有漸次低降之趨勢，然吾人非謂在代議制依然存在之國家，選民當選舉時有十分顯著之低落事實也。至於今日之青年，其視政治乃居於游藝與職業之後，此種態度，行見兆民主政治之惡運即在其基礎最堅牢之各國恐亦不免，斯固蘇倫(Solon)在二千五百年前，即曾體察者矣。

假定謂民衆對民主原則之信念因知識階級之攻擊，歐戰後發生之政治變動，以及因游藝影響而生之社會變化，以致大爲低落，固矣；然此種制度，其被挑釁最烈而效力最著者，仍在經濟方面。

法國革命之結果，使中產階級大獲勝利，及爾後相繼而起之各種運動，遂使對於經濟問題發生一種新的態度，於是造成矛盾之狀態，即經濟關係之重大，互古無聞，而政府之淡然視之，亦得未嘗有。中古世紀之理論，以爲人人各有其職業，故各有其社會之地位，故政府實以經濟爲基礎：美洲發現後，封建制度，即被打破，而開明專制以全國整個利益爲立場約束工商業，同時對於人民之活動，如在正當干涉範圍之外，即不復予以考慮。民主政治則異於是，其基礎在自由平等，使人類任意分爲各種部分，除居住以外，別無其他關聯——而居住之於今日直無約束力之可言——而於經濟的理由，則絕未顧慮及之。此種政策，其結果可於英法兩國今日情形見之，蓋在英法，選民分爲人數相差不遠之選民區域，其基礎僅爲人數之計算，而各該區域之選民，除彼此之居住偶然鄰近以外，餘無共同之點，但必須產生同一議員或代表。應用此種方法，其結果則產生之代表往往爲一冒險份子，且彼必依黨中大會決定，其由地方團體推選而來者，實廚寥寥不可數覯。假令民衆而果注意政治問題，則此種情事，亦無關鴻旨，但現在此種共同束縛，亦急轉而直下，故論者謂現有制度之悖謬愈形昭彰矣。

在工業世界民主政治之弱點極易暴露，因中產階級之解釋自由以爲人與人之間，得以完全自由訂立條約，絕不容許政府之干涉，而開明專制最顯著之現象即在於干涉。假令工業永遠滯留於盧梭著書之時期，不再進步，固無問題之可言，第自機器發明改良以後，於是使雇主與雇傭之關係，發生極大之變動：而雇傭遂變爲與機器相差無幾矣，故其改善地位之惟一方法，厥爲聯合一致以要求之，如其目的不達，則惟有怠工而已。而國家對之，則極爲驚訝，且宣稱自由者，在工作之自由，而不在自由罷工，此種態度，殊不合邏輯，蓋罷工權爲工人惟一之武器，用以對付獲有眞實甲冑之雇主任意處置之工具也。論者謂中產階級對工人之態度，不過因妒忌心所驅使，斯言也說之極易，而證明殊難。中產階級欲保持由舊制度角逐而得之利益，自毋庸疑，然假令彼輩果欲使工人爲一奴隸，則不必多事而教育之，顧彼輩乃不憚煩而爲之。不第此也，又復予以投票之權，以冀其得以解除其困難，而不知卒不能達到其目的。十九世紀者，民主惡魔之忠僕也，而不知經濟病症，固不能以政治藥方治療之。十九世紀之政治家以爲政治自由，亦即經濟自由，迄其明瞭二者不獨意義不同，或適相反，爲時殊爲迂緩耳。

歐洲工人階級，在十九世紀中葉漸漸不爲幻想所蒙。蓋工人嘗爲法國革命所倡之自由，效命疆場，然努力所得，不過爲主人翁之更換，蓋中產階級已替代曩昔之君主與貴族駕凌其上，不論究以生世抑以財產爲作官之資格，於工人均無關係可言，因彼等固一無所有也。當法國第二共和最初數月之間，發生欲以中產階級之權力移轉於無產階級之企圖，當此之時中產階級因利益陷於危殆，立即自行收斂，於是路易拿破崙乃得乘機建立第二帝國。馬克思乘工人打消幻想之時，乃提倡一種較法國第二共和時代慘敗之社會主義合於實用之主義。自是一般人漸知國家之基礎在經濟者多而在政治者少，社會主義者之理想雖極粗淺，而馬克思之理論則到處蔓延，而一般人對政府之態度，亦開始改變矣。蓋政治不僅如民主派實稱者限於選舉與憲法之事項，而係以人民日常生活有關係或爲其基礎之事項也；要之即在中世紀及開明專制最盛時期所曾流行之理論，雖有改頭換面之處，又復立足跟矣。

自社會主義廣播於工人以後，歐洲各國執政之中產階級莫不立生恐懼，其接踵而起之結果，厥爲資勞之鬬爭，此種鬬爭與十六十七兩世紀宗教鬬爭如出一轍。雙方各不相下，劍拔弩張。社會主義者之態度，以爲惟用手勞動始爲人類有價值之活動，彼等遇有機會雖不鄙棄採用代議制之方法，然通常則以能工爲其最有效之方法。而在中產階級視之，則罷工乃爲革命之方法，蓋中產階級雖已承認工人有聯合之權，而始終不認工人有能工要挾之權，執政者視之，亦極驚慌，即如英國某自由黨首相，竟至宣言：「社會主義者乃一切事物之絕滅」云。現在民主政治已發生一種難題，爲以往推翻開明專制者，未嘗逆料及之，而其第一步之打算，即爲如何壓制，以防其擴大。此種壓制政策，寬猛雖各不相同，而成效皆甚輕微，然世界各國則一致奉爲圭臬，其自然之結果，厥爲各國資本家與勞工者時時發生暗鬬，於是工商業——勞資雙方生命之源泉——首遭其害。在經濟鬬爭以成所成立之政府，對於雙方之平衡，無法維持，以致一般平民日常生活感受之困難，與乃祖乃宗在諸侯互爭雄長，或天主教與新教徒彼此角逐之時期，毫無二致也。

此卽歐戰前夕之景象，許多明眼人以爲文明之本身，或將勞資鬭爭而毀滅。第不論國家大事或個人私事，每當黑暗之期，往往卽爲光明之開始，於是有一部分思想家，其名目雖各人稱謂不同而被人誤解則一，彼輩宣言解決之方卽在將政府之政治基礎改爲經濟基礎，且主張建設辛的開國家（Syndicate State）。假令謂社會主義爲現代政制之惡魔，則辛的開主義亦爲民主信徒百般咒駡，卽在今日辛的開主義之領袖索利爾（Sorel）猶往往遭人誤解。從若干點觀察，此輩之所以遭人仇視，蓋咎由自取，因其亦以爲舍暴動之外，別無方法可以達到目的，而多數國民則往往舉共產主義，無政府主義以及其他社會之仇敵，混爲一談也。而批評者固未嘗明瞭當封建主義盛行之時，卽已有辛的開主義之基礎存於其間；而在不久之過去，雖保守如香波伯爵者，且擬照此項原則，修改法國之憲法。然而同時索利爾之主義，乃鑒於第三共和國之先例，以反抗民主制爲目的，當其開始徵求信徒之時，而意大利青年革命家號鼓尼圖墨索里尼（Benito Mossolini）者之注意。索利爾預料此信徒行將變爲熱心之份子，援引右派勢力以達到辛的開主義，惟中產階級對此項新主義則極滋誤會，其畏懼之心，蓋較其對於社會主義之本身爲尤甚焉。

自歐洲大戰，俄國革命至汎繫主義之成功，其間發生經濟上之新紀錄。四年之間，無論任何交戰國中，政府與工業皆絕對合作，其合作程度之密切，竟至不能恢復向日固有之情況。國家社會主義之完成，蓋不過一蹴而幾之事，惟促其實現者，乃係舊時社會主義之敵人，而非其信徒之功。俄國革命之結果，爲組織純粹以經濟爲目的之國家，但隨此變革發生流血與屠殺，益使往日對辛的開主義之恐懼，更爲證實。迄於最後，則有索利爾舊信徒墨索里尼之出現，證明辛的開主義國家之建立，可無須經過恐怖之時期，其實任何人倘不憚煩而一究香波伯爵之政策，均得自行了解之。因此等情事之發生，遂將舊時各派經濟思想分界爲之橫斷，至於今日，各方意見多少趨於流動之狀態矣。吾人對於意大利新起之辛的開主義之法律，或德國之社會立法，全部意義之了解，爲時尚早，雖則其他國家，例如西班牙，亦正考慮工商業及勞心職業與政府密切合作之方法。

上述各種發展，對於純粹以政治爲目的之民主制，直接予以嚴重之打擊。第一證其對於勞資爭執無法防範，其結果在使社會人羣成遭殃及，故在今日民主制對於經濟方面之功用，惟專心於國家執政與利益之關係方面互訂私約之批准。其實今日歐洲各國議會，對於強有力之勞資團體，俱屬軟弱無能，國會雖亦得制定經濟立法，而實則其所能爲力者，不過對於議場以外已經決定之方案，既不敢予以阻撓，乃不得不予以同意而止耳。在此種情況之下，無怪主張以職業替代區域代議之基礎之理論，逐日增加其勢力，然欲獲得一般人共同贊成，尚恐須經過極長之時期也。

此外吾人須討論者，即爲民主制失勢後發生之獨裁制。吾人業已述及威權之復起，一方因智識份子開其端，而歐戰與經濟發達承其後，其結果則一般人之論斷，以爲民主制與乃父所信念者，意趣不同，故腦海中以爲在某情形下，其他政體或較適合其需要之理想，乃受之而不疑矣。

同時，獨裁制者蓋假定有一卓出之人物，足以行使獨斷獨行之權力，故惟在已經發現此人之處，此種制度，乃能盤其根而錯節：以潘迦羅（Pangalos）而冒充克林威爾，其假面具不久當爲抉開，良以獨裁政治至少必有其人能得國民共同之信仰，乃能存在，換言之，卽軟弱無能力者，反不如民主制可以藏拙也。通常人之怨言，謂歐戰除產生列寧之外，未嘗造成多數偉大之人物，但歐戰以後，則不能復謂亦無偉大人物之養成，試舉其例，如墨索里尼，李勿拉，凱馬爾（Mustafa Kemal）與波斯之新沙皇，皆足稱爲各該國歷史上矯矯者也。是以獨裁制必以現代從事於獨裁工作之人物判斷之。或許獨裁制尤適宜於國家之統治，以歷史觀之，的克推多與頭等立憲元首相比，其成功之數，可爲十二與一之比例：而吾人欲求一墨索里尼，固遠較求一加富爾爲容易也。

假令謂各國採用獨裁制之根本原則到處相同，然獨裁制之本身，其喬裝之方式則花樣百出：有公然不諱者，亦有故弄圈套，使人深奧不測者。職此之故，倘欲對於各國獨裁制之現狀與將來，得到圓滿之評價，惟將各國實際進行之狀況，細加討探之。

世界上最先承認爲獨裁制者爲蘇俄之無產階級專政，但以蘇俄蘇維埃統治下之情形細加研究，則俄國現在之政制，應劃歸寡頭政治之列，蘇俄雖宣言代替人民行使政權，至共產主義之訓政程度，足以自動享受政權時，卽行交還政權與人民，然蘇俄城市公民之一票，可當農民之五票，卽知該國之所爲，乃係代表城市人民之利益，而城市人民，總計亦不過全俄人民十分之一而已。既屬如此，故蘇俄蘇維埃政府可稱爲少數人之統治，而依亞里士多德之主張觀之，即所謂寡頭政治是已。然同時吾人亦不能抹殺其獨裁之原素，一切政府之行爲，均不對依照民主原則產生之代議機關負責，而各種大權均有集中於少數人之趨勢，是以純粹之獨裁制之實現乃不過時間上之問題：但在此刻，則俄國政府與其謂爲獨裁制，毋寧謂之爲寡頭制也。

惟意大利予吾人以近代獨裁制極好之例證，反對汎繫主義者，雖有不少之責難，然吾人須知墨索里尼之一切步驟，皆具有法律上之根據，汎繫黨人之擁入羅馬，原爲革命之行動，但汎繫主義成功之頃，國會即通過一特權案。意大利之一切組織，包括憲法之本身，均經嚴格之改造，但未有一件未得法律之保障者。在理論上，意王愛麥尼爾（King Victor Emmanuel）得以隨時撤換墨梭里尼首相之職，而墨氏亦小心翼翼，勿令其本人物故後，使其已經勝利之運動，而遭致命之損害。意大利獨裁制主要之現象，爲在君主屏障之下，以君主名義，施行一切政令，故不論革命之事項如何衆多，而從未遭右派嚴重之反對。設欲覓一比較，則於羅馬帝國之奧格斯特之政策得之，蓋奧格斯特對於舊有之共和組織，絕無改動之意，且十分尊重之，惟設法剝削其實權而已；墨索里尼雖同樣將意王之地位變爲傀儡，但絕不予以攻擊。故墨氏之對沙懷王朝，猶奧格斯特之於元老院也。

其在西班牙，則情形愈爲縈惑，多數西班牙人之視李勿拉將軍，並不以的克推多看待，不過視爲首相而已。而在他方則其地位與墨索里尼完全不同，而純爲非法，蓋國會已五年不曾開會，而憲法則規定每年必須開會一次，且規定國會在解散後之三個月內，必須重改選也。此種顯明之矛盾，其解釋卽在西班牙王乃爲實際之的克推多，而表面上則爲掛名之君主耳；實則係絕對專制而假裝獨裁制之面具。正如葡萄牙王卡洛氏（Carlos）以佛蘭可（Senhor Franco）之輔佐，希圖建立之制也。至今西班牙對於現有制度，尙無要求經過法律手續之動作，直質言之，則西班牙輿情對於政府是否有憲法之根基，均漫不介懷焉。同時西王之態度，使右派不能反對各種激烈之改革，至其贊助此種半獨裁之堅決，則可於一九二六年，對礮兵叛變時之態度見之。

因意大利西班牙爲君主國家，故獨裁之權力可由現有之機關行之，但在共和國家則勢所不能，故必須由另一種方式施行之。在此情形之下，縱使其國家地位不甚重要，而葡萄牙卡滿納將軍（General Carmona）與希臘潘迦羅將軍之政府，均值得吾人之注意也。

葡萄牙所以有建設獨裁制之運動，與意大利西班牙同，咸爲由於代議制失敗之結果，因在代議制之下，幾使全國經濟生活立於停頓之狀態，然其不同之點，卽因里士本（Lisbon）並無君主之存在，故當其獲得政權後，不能蒙以法律之屏障，故純粹爲革命之舉動。其實竟遲至舊制推翻後數星期之久，始敢正式自承爲的克推多，且因其不能如墨索里尼李勿拉之得以冒名以行，故其地位較爲脆弱；而其惟一所賴以維持政權者，厥在武力而已；論者謂卡滿納將軍幾度擬恢復君主制，使其地位得合於法。然同時葡萄牙獨裁政府與羅馬馬德里政府相同，力求行政上之效率，至於十九世紀所崇尙之自由，雖告暫停，而在卡滿納將軍統治下，卻有宗教上相當之自由，斯固葡葡牙共和時代所未嘗聞者。

希臘潘迦羅將軍短命之獨裁政府，實爲此種政體上弱點之極好殷鑒。其所以成立，非由於不滿現狀之潮流而係因不斷之內戰與變革使人民灰心問政，遂使潘氏一人得以掠奪大權耳。及潘氏當權，彼乃爲自信太過所苦，雖其用意頗善，然而對於一切公私事件，莫不嚴加干涉，故潘迦羅之被人推倒，乃不過時間問題而已。實則彼乃欲於二十世紀在希臘組織百年以前佛蘭西亞（Francia）在閉關之巴拉圭（Paraquay）所嘗施行之制度，然當其失敗之前，一般謠傳謂潘氏亦如卡滿納（General Carmona），然深知必須使其地位合於法律之手續，並須舉傳統觀念以維持之。潘迦羅將軍之失敗，卽表示共和國家獨裁制之脆弱：蓋所賴惟武力，倘武力之運用而至過當，則危殆立見矣。

關於意大利，西班牙，葡萄牙之獨裁政治，吾人所以詳爲論列者，因其足以表示此種制度全部之意義也。此外亦有以民主之名而實行獨裁之實者，巨哥斯拉夫之國會業已廢止，而皮蘇斯基（Pilsudski）於波蘭，亦猶墨索里尼之於意王愛麥尼爾（King Victor Emmanuel）也，而論者謂杜柏林（Dublin）之柯斯格洛夫（Cosgrove）之政府，亦屬類此之獨裁制度。惟其專制亦如條多王朝之統治，乃由國會投票公決者耳。

如吾人從歐洲以外觀之，則立見土耳其凱馬爾之成功，與上述共和國之獨裁，不及君主國中之強而有力之說，完全矛盾，但吾人之答案，以爲在東方威權之勢力往往較傳統爲尤強耳。夫奧士曼王朝（House of Osman）

固歐洲最古之朝廷也，而當其退位之時，則竟不聞犬吠之聲息。從若干方面觀察，使吾人因凱馬爾而聯想及於時運不濟之潘迦羅將軍，其差別則在凱馬爾有民衆鞏固之後盾，且能利用東方默認人治之習慣。凱馬爾亦以有名無實之國會制度的名義行使政權，其政策亦如其他的克推多，在於國家之復興，然其運動之得以成功，則全賴其自身之精力。

而在波斯，則除歐洲在亞爾邦尼（Albania）所見者以外，其獨裁制之發展，舉世莫之與京，蓋波斯之的克推多，竟將王位亦自行篡竊之。李查（Riza Pahlevi）者，當波王出亡法國，消遙於海濱之數年間，曾代爲攝政，及其地位鞏固以後，遂取而代之，故在今日，則以波王而兼的克推多者也。關於新朝代之樹立，亞洲實較歐洲——巴爾幹半島除外——容易多矣，而波斯事件，其尤著者耳。加以克林威爾與拿破崙之回憶，至今難忘，故謂西方之的克推多，亦或有步波斯亞爾邦尼新王後塵之日，固未始非可能範圍之事焉。

獨裁制之主要特徵，而往往爲人忽略者，厥爲不論其起原如何，要之則其政策，雖未必爲革命的，至少亦必爲進步的。任何的克推多必能對於以前政府所不能應付之問題，尤其關於行政與社會性質者，處置有方，其最顯著之事實，即爲工人階級絕不予以反對，而反對之者乃所謂知識階級。英美一般人之意見，以爲獨裁制可以替代反動，不論贊否兩方均以此爲出發之點，吾人往往得聞一般人對墨索里尼之讚美，然設使彼等明瞭墨氏對於彼等深信不疑之利權之眞實態度，則又不免大吃一驚矣。維也納會議簽訂條約之後，許多年間，專制與反動，攜手同行，故有忘其並非不能分離之危機，隱然存在，如開明專制之極盛時期，以及皮西斯特拉特（Pisistratus）與羅倫卓米的西（Lorenzo de Medici）當權時，卽可證明之。然而近代之獨裁制乃在前瞻於方來，而非回顧於既往，各種非難，均可加於其身，惟任何忠實批評家均不能謂其已向反動的路線進行耳。

第九章　美洲政治

研究新世界政治之史家，其所關涉之時期，較舊世界史家所當涉及者爲短，惟其工作則同樣重要，蓋不但關係不少人類之發展且因其在最近以前，較爲孤立故在彼間對於政治理想所獲得之合理結論，固可與歐洲不相雷同也。吾人無須對於其現有制度追溯於往古，因南北美洲之原始，俱在歐人發現美洲之時，而美洲往昔著名之亞提克（Aztecs）與印加斯（Incas）帝國，固絕無絲毫遺傳之可言也，但過去兩世紀之情況，政治上憲法之演進，實予美洲以重要之地位，惟歐洲史家則往往忽視之耳。

研究新世界之發展，不論其爲盎格路撒克遜部分，或拉丁部分，每易忘其孤立之關係，使吾人而果忘卻其孤立之關係，則對其全部歷史之觀察，必至整個錯誤。當殖民時期，倫敦與馬德里，里士本之政府，對其海外屬地之命詔規律極爲繁複——西班牙查理第二朝所公佈之西印度法規彙編九卷（Recopilacion de las Leyes de Indias）最爲詳盡——但此等上諭破壞者多，而遵行者少，要之則因其地域與歐洲政府相距太遠，故得任意違反也。除偶與印地安人作戰，或與其歐洲主人翁發生爭執時，英西葡各國之殖民地莫不各行其是，是以在今日極堪注目之美洲政治，當十七十八世紀時已植其根基矣。歐洲政治往往因懼外力侵入而牽掣其發展，至於美洲則絕無受外來威嚇之危險。舊世界各國人民之建設國家也，必須同時注目於鄰國，而新世界各國則可專心致志於內政之發展。

殖民時期之情形與其後脫離歐洲羈絆時，並無二致，此種現象蓋由於十九世紀北美合衆國外交上良好之結果。門羅主義在今日是否尚屬有利，幸與此處之討論無關，無庸深究，但因之而使美洲大部之土地在十九世紀未被歐人克復，則毫無可疑之點也。一個布丁之美惡，即視其是否合同而定，假令華盛頓京城依然脆弱無能，其將發生何種現象，則一九六〇年左右之往事，不難顯示之。法國對墨西哥之企圖，西班牙克復祕魯之計劃，皆足以證明大勢之所趨，使美國內戰不即告終，或其結果而與當時之情形相背，則美洲歷史必當全部改觀矣。惟其如此，故不論交通與運輸工具之迅速發展，新世界依然得維持其政治上之孤立，而其間各國均得自由發展達於成熟，無須與海外遠征之勢力相角逐，而加拿大與其他歐洲屬地，對其鄰國之獨立，初無威嚇之能力也。設謂英人之於英吉利海峽，西班牙之於皮倫尼斯山脈之存在，當予以感謝，則美洲人對於大西洋，尤應予以感謝，蓋因此汪洋大海，得以拯救美洲各國不致與愛爾蘭，比利時與波蘭受同一命運之支配也。

此種孤立之情形，不但使美洲得以自求多福，不畏外來之干涉，且使其得建設自身之政治傳統。美洲社會之基礎，固以英西葡爲模型，但其上層建築，則純爲本地風光。在歐洲尤其在亞洲改革家所受之阻礙，由於既得利益方面而來者，尚不及無理的保守主義之多，蓋保守主義對於一切過去之傳統思想，不問其是否尚有用處，莫不力事維持。卽在現代，亦有許多制度，原已早成已捐之秋扇，而大多數人仍不願加以廢棄，雖其存在不過爲場面之點綴，然而往往淆惑一般人對人生之眞實意義。在美洲尤其在北美合衆國，近年以來雖已不乏傳統觀念之象徵，其將來之傳統思想或更不免發生較大之影響，顧在現今，則其妨礙發展之能力，決無歐亞兩洲之甚。任何國家苟無傳統思想，決不能成其爲偉大，但此種傳統思想必須合理，而各民族往往不分涇渭，不擇精粗，一味傾向於傳統，苟如是，則其妨礙進步不小矣。新世界之所以異於舊世界之主要理由，卽因其移民各攜互相衝突之傳統思想而來，極不易使之同化，遂不能不另闢新途徑也。使美洲仍如英西葡三國國旗最後飄揚之狀態，則在於今，其傳統思想，必牢不可破。蓋北美合衆國，不徒爲一國家，乃係一大陸，至拉丁亞美利加則包含多數之獨立國家，其間幾無民族上之區別，此種事實每爲歐洲批評家所遺忘，而必欲於無傳統思想之處搜索之，故結果爲對於美洲制度之觀察完全謬誤而已。蓋美洲之傳統思想乃在方來，而不在過去也。

研究美洲政治尙有一種危險，卽欲於歐洲尋覓類似之點，其實則兩者固不可同日而語也，職此之故，往往以雷同之名詞，而誤會其目的亦同。有一故事，最近當西班牙接待哥倫比亞共和國——新世界中文化最盛之區域——代表時，西班牙王對該國好學之風，極事讚揚，當時西閗該代表謂在波格達（Bogatá）城中每一「考德拉」（Cuadra）必有一哲學家，則驚訝異常，於是西王亞爾芳肅曰：『若在馬德里，吾人之「考德拉」中，不過飼養驢騾而已』。此種誤會卽因西班牙之所謂「考德拉」者，乃指馬廐而言，而在拉丁亞美利加，則係指一排屋宇之義也。因此吾人可以了解歐人欲了解美洲之困難，而有時英人與西班牙人均願對海之諸共和國不說其本國之語言。語言相同，是否即可增加好感，原爲一爭辯之點，但以組織與政治而論，名義相同，輒易淆混，則無疑義。歐洲人往往無意中以爲名詞相同，則組織亦同，於是竟有以一排屋宇解作馬廐之笑柄焉。

歐美政治上之根本差別，即在美洲可以試驗，而在歐洲則絕不可能。在一欣欣向榮之社會，又無傳統上之陳腐思想以爲阻障，加以尙有汪洋大海以防外敵之來侵，自可冒險以行其所是。若在四面楚歌之歐洲舊國，則將陷於絕境矣。例如北美合衆國因脫離聯邦權之問題，以四年自相殘殺之戰爭，始行解決，然而未有一外來之兵登美洲之陸地，——設使巴伐利亞因欲脫離德意志宗主權，而促成同樣長久之內亂，則吾人不敢謂法蘭西與波蘭毫不牽動矣。同樣，佛蘭西亞在巴拉圭之試驗，若在歐洲，則絕對無發生之可能，蓋在歐洲苟有效其方法而使其國家完全孤立，則強鄰必以槍林彈雨壓制之。而在美洲以財富之迅速增加，足償政客謬誤之耗費，故其結果，則其原則，得以達到合理之結論，而在歐洲蓋不可能矣。此種試驗時期，或已爲過去，但因此政治學家對於美洲政治史，尤應予以注意也。

今請由一般的再進而及其特殊之部分，換言之，即由整個美洲進而論其局部也。爲達此目的，自當分爲兩部討論——即北美合衆國之發展與拉丁亞美利加各國之發展。加拿大爲英國藩屬之一，從政治立場觀之，則加拿大乃爲在美洲而非美洲之所有。

北美合衆國之所以成爲獨立國家，其當時之環境，對於此後之發展，影響極大，實遺不可抹殺之痕迹，但後世史家，不問其爲本國人抑係外國人，俱未能完全洞悉之。查巫德爵士(Lod Charuwood)所著林肯論，始將大西洋兩海岸一切理智階級之觀念表出之：

「美國獨立之戰與革命之戰，蓋缺乏若干其他國家叛變之特性。此非對抗悲痛之壓迫，亦非反抗外國之統治，乃係反抗一種政治制度，此種政治制度一般人雖略表不滿，而惟政治家始深惡痛恨之。此項運動惟得訴之於高瞻遠之政治渴望與好亂誇大之精神，其訴之於革命性質者甚鮮，至於一般奉公守法之人，則鮮有爲之動心者。

「獨立後數年間運動之成功，使北美合衆國之憲法得以制定，實出於少數人之勞績，而羣衆之貢獻極鮮。蓋一般人固缺乏統一之渴望，惟政治家則知此新國家內則財政困難，外則敵人壓迫，其勢極爲阽危。故以爲必須創造聯邦之政府，足以直接行使其權於各個公民，一如各邦政府所能行使於各邦公民者，乃能有濟，彼等固克達其目的，惟輿論對之，固非十分熱烈擁護之。」

不特此也，美國獨立之戰，非如早年美國史家所認定爲純粹內戰性質也。蓋數年後法國革命事起，不久即證明，其同情來自舊時敵國之倫敦者，固較來自以前友邦之巴黎者爲多。及於晚近，且有視華盛頓及其同僚爲神聖之趨勢，而不知彼等初未嘗存創造天地之心，而由上述查巫德之言觀之，即其所代表之人民，亦未嘗有此種願望。其所以使此新與國家採用共和政體者，乃環境使然，不得不爾，且有若干領袖雖未實行擁護查理士愛德華

Charles Edward）爲君主，而其心目中固猶贊成君主制也，惟歐洲人對之反較美洲人爲熱心，其幾經波折而後制定之聯邦憲法，在當時人觀之，固不過爲深致遺憾之必需產物而已。一般美國開國之元勳，初未夢想係爲永久之百年大年而立法，——因彼等不過爲實行之愛國者，惟將所有之材料，盡力應用而已。故其最大之問題，厥爲如何而後可使中央政權擴充至於最高之限度，而同時又得不致十分干涉各邦之特權，此種問題，自美國開國以來，往往於各方面表現之。

在美國獨立之許久以前，其內部勢力之平衡，卽已開始轉移，而該國元老則謂其工作已足保持社會經濟變遷之狀況於不墜。當獨立戰爭告終之日，維金尼亞（Virginia）爲同盟中最重要之邦，而統治維金尼亞之地主階級，亦卽全國之領導者。華盛頓之赴國會也，喜乘四輪馬車及特別制服之騎兵衞隊護送之，其儀仗蓋與歐洲王者無異，此種儀仗卽可代表維金尼亞貴族派對於政治上之態度。第此種情事，原無足怪，因在法國革命之前，以威尼斯日諾瓦之先例，在十八世紀人觀之，共和政體與貴族政體實屬不可分離之事物。迨法國革命之情形傳播美洲後，法國新政府極受華盛頓之反對，當時美國與路易十六結爲同盟，對於與本國抱同一革命主義所產生之政制，反極爲懷疑。故美國獨立後之初期，其憲法雖以民主原則爲基礎，實則具有寡頭政治之特質。

情況既屬如此，或將有人問曰：此十八世紀末年之貴族國家，何以變成今日之民主政治，其理果安在耶？則斷然答之曰：其理有五——一曰買佛遜之人格，二曰工業之發達，三曰移民進口之增加，四曰西部之移植，五曰交通工具之改良。吾人苟欲完全了解美國憲政之發達，則此五者不能不細爲論列之。

美國第三任大總統與第一任大總統極爲相反，公民賈佛遜不但不乘四輪馬車，且往往單身赴國會，而當其到達議場時，每自行拴馬於門外，同時因其外表之儉樸，遂造成一種風氣，使爾後居住白宮之大總統莫不尤而效之。而巴黎方面發生對於極端民主之反動，使美國亦受莫大之影響，幾使政治鐘擺有復趨於對方擺動之趨勢。惟賈佛遜領導全國民衆趨向中庸之道，並指示自由不必流於放縱無度之境。賈佛遜之性格，固非全屬可愛，而其拘拘於儉約，亦無乃過於做作，但氏能遺留民主之傳統思想，不論爲好爲惡，要足垂之無窮也。繼賈佛遜之精神者爲林肯，自美國開國以來，歷任大總統於後世所生影響之深，未有過於此二人者。

然而徒有人格上之榜樣，縱極炫耀，倘無工業之發達，恐亦不能致民主於勝利。殖民時期，雖有稍許工商事業，然以土地爲主要之財富，而地主則爲國內最重要之人物。迄工業發達，此種情況遂歸終結，關於此端北美與歐洲實具同一步調。在社會方面，爲貴族對富豪之讓步，而在政治方面，則民主代貴族而勃興。賈克生（Andrew Jackson）之業兆於先，而四年內戰又舉工業發達所開始之任務完成於後。其內政權力之平衡，係由貴族與南方地主轉至民主及工業階級之北方，此後雖漸由北方再移至中西部，然未嘗影響及於傳統之觀念。夫財產者無論在任何國家，任何時代，必係權力之根基，倘財產漸次集中於北方，則全國大權亦必將由該部行使，乃不過時間問題而已。南方因內戰之結果，衰落如此其速，或爲一遺憾之事，而以全國論之，南方貴族制與北方民主制之調協，較之徒有北方之勝利，其所生之效果，自較良好，但此僅爲一種假設，吾人無須爲之懸揣：要之則工業發達，使美國民主政治由理論而達於實際耳。

假定在十九世紀非有移民之繼續入口，則此種政治經濟之變遷，乃屬絕不可能之事。蓋北美合衆國之人口，設使亦如若干南美拉丁共和國之情況，長久不增，則亦必如該處之民主制度，遵守者少而破壞者多，良以新移入之人民往往不能容忍專制之統治也。夫歐洲多數人之所以離鄉畔井不遠千里而來者，要在欲逃出垂斃之開明專制之壓迫，斷不願復以頸項承受另一種反動之羈絆。其尤甚者爲愛爾蘭人而彼等固多年控制美國之政治者也。當內戰後數年間，美國民主政治之腐化與當時法國情形相似，醜事層出，然竟無主張採用其他政體者，因是而腐化之政治亦得漸次廓淸之。民主政治之勝利，移民之功不小，因其對殖民時代之沿襲思想絕不介懷，而視自由則所關絕大，故不論其究係加入共和黨或民主黨，往往以民主主義爲立場。顧惟因工業發達而後移民乃能源源而來，是以工業與移民不啻爲造成今日美國民主政治之兩車輪也。

交通工具對於北美政治亦極有關係，——其關係之大，且爲一般人意料所不及。假令在獨立戰爭之時，卽已有輪船之存在，則調兵神速，祖國對其殖民地之革命，必能征服之；又假令在十九世紀，其運輸工具一如十八世紀，則美國殊難達到統一之目的，或者亦如西班牙殖民地之裂爲若干獨立共和小國，蓋未可知。因鐵道電報之發生，其人民向西拓殖，創造新社會，雖地理上之位置，相去甚遠，而仍得與其本部相聯絡，故領土之擴張乃能直達太平洋海岸為止迨此等社會變為領土再進而為美國之邦，其間選民遂開始使政治上一向傾向維金尼亞之勢力，重歸平衡，而消滅獨覇之形勢。因此美國任何一邦，未有能佔英格蘭在大英帝國之地位，或普魯士在德國之地位者，由此一點，對於全國政制上民主原則之保存，其貢獻蓋不在小也。

吾人為了解美國政治上實際情形計，則應知此項發展，對於美國民族之影響，實較多數國家為大，以其國家之外觀，即其全國政治生命之反映也。關於此層，可重引查巫德之言以證明之：

「許多殖民之祖先，其所以離鄉背井而來，即含有尋得桃源好逃秦之意，故吾人往往發見美洲人開始即較留居英格蘭之親故易於尊重新概念。此種固非完全有利於精審與正當之改革理想派之美國人或許太易相信巧詞，而機詐膽小之英國人反是往往對於他人不甚置信。此種趨勢與美國之特殊保守性殊為切合。在新鮮情況之下，一切傳統思想均未能為之嚮導，自能產生創造之能力，同時養成一種好奇尚異之心。有一美國經濟學者嘗以恢諧口吻言之：「在移殖程序中免除許多習慣上傳統上之桎梏，此種桎梏往往為舊國家進步之障礙。其在新興之國，諸事均不能率由舊章，故大抵得臻於至善之途也。」但在新興之國，對於舊有文物之尚有作用者，往往易於膠執；而在一遠隔重洋尚未開化之國家，對於舊世界思想上不斷之交流，因而引起變革與進步者，亦不能充分濡染。此種保守之趨勢，至少在美洲極為尖銳化。是以凡讀羅威 (Lowell) 書籍者，即知不問近代美洲之俗語，如何豐富，然美洲語言較吾英之語言為古，其文學方面亦然，至於演說尤屬如是。不第此也，……凡曾切中時弊之格言，或新試驗嘗爲一時情形所需要者，均被尊爲時代智慧之表現。英國人之引用白克（Burke），猶其引用德謨色尼（Demotheness）及柏拉圖然，而美國人之喜引用其先輩政治家之言，乃同引用聖經焉。同樣，凡政治上偶然發生之實用——例如代表必須爲其所代表區域之居民一端——若在美國則不曾視爲憲法上之規定也。」

吾人爲論及此，可以直接討論其憲法矣。自百五十年前美國獨立以來，其流行於美國之政治理論皆具在憲法條文中。

美國憲法之特點，即因其爲成文之法典，倘遇憲法發生解釋上之困難，係由法院裁決之。成文憲法爲現在多數英國人所不解，殊不知華盛頓及其同僚兢兢業業制定之法典，爲美國後世一致尊重者，其模型固須於吾英國求之。美國憲法之試驗對爾後英國之歷史影響固不在小，反之英國對美國憲法亦非毫無影響，蓋不待思索而後得之，蓋美國大總統即無異選舉之帝王也。第此種發展原無足爲怪，因美國開國元勳自認爲推翻查理一世諸人之後繼，故對其先輩力爭自由之功績，自當極爲推崇之。其制憲成績之優良，即以其修改憲法一端足以證明之。蓋不論在此期間，世事滄桑至於何許，而自其公佈以後，其修改之點不過十九次而已。

同時美憲往往束縛太過，依其規定，其總統與國會酷肖英國之有限公司，設其行爲有違憲法，得由法院之裁判而否認之。換言之，即美國之主權，不在總統與國會，非如英國之在英王與巴力門，而在憲法之本身及解釋憲法之法院。聯邦憲法必須成文的，但是否必須如美國之剛性，則至爲可疑。當發展之時期，固必須有一種制度，使人民視同神聖不可侵犯：在舊世界各國，以開明專制而肇現代之先河，故憲法之於美國，猶普郎特金尼（Plantagenets）與華洛氏（Valois）之於英法兩國也。惟在將來則似須使其稍富彈性，蓋人口愈增加，則憲法之修改愈困難，假使依然如故，則殊不足以適合環境矣。

美國憲法本以低衡爲原則，然此種「抵制」「平衡」之制度，亦未能防範流血之內戰。當盎格路撒克遜史家敍述拉丁民族革命事蹟時，每易忘卻其本國流血之事，而吾人評定美憲之好惡，亦不能忘卻美國南北之戰，乃爲其借方重要賬目之一。或許任何人類之制度均不能避免此項爭端，因自由之爲義，乃世間最難定其界說者也，而當感情衝動之後，戰爭遂以不免，故南北之戰，即在於對自由之解釋，有見有智之別耳。由各個自由之邦，既結合爲聯盟組合，憲法上果有脫離之自由否乎？林肯則曰無此自由，而大衞士（Jefferson Davis）則曰有此自由，此一問題非法院所能裁決，故不能不由疆場取決矣。在他種憲法之下，是否可以獲得妥協而不至於流血，抑此種問題祇能以武力方能解決，吾人不敢斷言，但外國之批評家，卻不能不認爲因其條文之剛硬，然後遂難調協，苟屬如此，則當一根本危難發生之時，自不免造成嚴重之紛擾矣。

在美憲之本身，其與英國習慣最不相同者，即在分權之規定，行政司法立法三者各自獨立。此種制度之長處可在其內政上之應用見之，而弱點在對外之關係。政治上之責任既妥爲分配，故任何機關，其權力均不能支配其他同等機關，行政立法司法三者之權力，既均由人民所賦予，故當其互相衝突之時，亦惟人民始能爲之裁決。而在他方，行政元首有時雖得擔負全國責任，例如威爾遜總統之所爲者，然其後國會竟否認之，以致減少全國威信不小。總之，此種制度，其優點在內政而弱點在外交，故其好壞之批評，卽視吾人對於內政外交兩項之觀點如何以爲之斷：從若干方面觀之，此制頗適於美國一般人民之天才，而其證明則在他國之曾採美憲方法者，其分權之嚴格，鮮有如美國之甚者。

第從大體上言，則美憲因分權之故，雖有不可避免之缺點，然已充分表現其成績：困難雖未能全免，然除分離問題以外，則結果均能和平了結，蓋一切權力既由人民賦予，故亦惟人民乃能下最後之裁判也。是以美憲具有一種利益爲其他君主國倣效之分權制度所不能及者，蓋在君主國家，其行政司法均對君主負責，而立法則對人民負責，故往往發生嚴重之恐慌矣。

至於將此制移植於斐列賓之計劃，則已完全失敗，其失敗之理由，卽因美憲毫無彈性（與英國之富有彈性者剛相反對）以致不適於美國海外之殖民地政治情形。制定美憲之創造家，對海外殖民地之政府，初未嘗預爲之計，結果則今日所定之行政制度，往往回旋於疑難之中，此種情形，使吾人不能不回想英國早年同樣之狀態，其惟一例外，卽惟對於上述斐列賓之政治，然亦不過欲使其牽就美國現有制度，而適成削足適履之弊耳。

斐列賓之近代史，由一九一三年任命哈利遜（Francis Burton Harrison）爲總督，及三年後國會通過瓊斯法案（Jones Acts）始。此案授予斐列賓羣島以大部分自主之權，同時制定一種與美憲相類似之憲法。又將總督之權特別增高，故現在之總督對斐列賓議會之議決案有否決之特權，至於一切外交事項，則由華盛頓之國務部行使之。瓊斯法案 (Jones Act) 之弱點，卽以其欲以美國政治理想，應用於完全不了解美國憲法精神之民族也。馬尼拉 (Manila) 政府與華盛頓同爲採用分權之制，但亦許有不相符合之點：在美國如總統與國會發生爭端，並非永久不能解決，因兩者同爲對選民負責也，但在斐列賓則無此種保證，因總督對華盛頓負責，而其議會則必須答復斐島選民之質難也。當民主黨執政時，此種困難，尙不十分顯著，但至共和黨起而執政時，其對斐島政策完全相左，則此種困難立刻暴露之矣。

哈利遜在最後五年任期中，卽力求行政上之斐列賓化。哈氏自承爲美國在斐利權之淸帳員，故其政策卽如何可使斐島達到完全獨立。哈氏與斐列賓議會多數派之領袖，一致協作，倘民主黨依然當權，則一切得以順利進行。然哈氏與斐島人民俱屬不幸，共和黨人適於是繼之而起，其第一步之動作，卽爲遣派巫德佛佈調查團 (Wood Forbes Commission) 前往調查情形，具報政府。該團對於哈利遜之設施，悉予痛責，聲稱斐島行政斐列賓化後，其結果爲腐化與遲鈍，並謂斐島人民僅有極小部分要求獨立。在一九二一年時哈利遜退職，由該調查團團員巫德將軍繼任。

巫德將軍之主張與舊任總督完全不同，於是總督與議會發生困難，而瓊斯法案之缺點，遂令人注目矣。巫德將軍充分行使其否決大權，而反對方面則謂此項大權必須其議案有違憲法時，然後始得應用，而爭端遂久久不決矣。良以雙方均無一共同尊重之威權也，自瓊斯法案通過以後之斐島行政觀之，即證明美國憲法不能輸出至其藩屬已極明瞭。此種特殊困難果將如何解決，尚難逆料——要不外使斐島實行獨立，成爲美國聯邦之一邦，或者將其自治之權，完全剝奪，吾人於此又足以證明主權不能分割之事實矣。制定美憲之元勳，因鑑於英國前世紀內亂之情形，故當其主張分權時，亦充分體驗及此，但瓊斯法案之起草人，則完全不及注意，故其結果惟使斐島政治前途，尙茫無適從之計耳。

設吾人欲將美國憲法之利弊加以權衡，則困難立見，因其所欲權衡之對象，乃爲一尙在發展之國家也。歐洲政治之前途雖極屬可疑，然其國家之發展，大抵已達於極限，而從若干方面觀察，則今日之美國，固猶爲一世紀以前之英法德等國之情形。在此種情況之下，不但預測爲不可能，卽批評亦極危殆，因其情形變動至速，捉摸爲難，第細細研究美國之政治，則吾人又不能不深信其弱點之所在，卽爲不能汲引第一流之人物，而其優點則在各邦能維持其自主之特權。

假定民主政治必須平民對公共事業發生密切關係，而同時又須全國第一流人物掌握最高政權，則此種理想，在歷史上往往不能實現。而在歐洲，尤其英德二國，政客之短處，每得由文官考試制度之忠實與效率予以抵補，情此種制度在美國仍未發達至同等之地步。除極少例外不計，工商業所汲引之人材反較政治爲多，此種發展現在英國亦已開始，而在法國則自第三共和國以來，亦極爲顯著之事實。其結果惟發生不斷之笑柄，使街談巷議，遂相信政治乃為萬惡之事業，而造成一種卑鄙苟且之傳統觀念，於是國家蒙害不淺。其實作惡之團體，除用暴力之外極難使之破壞，然如意大利西班牙之所為，使議會制度根本推倒，則第一流人物遂對於政治發生興趣矣。歐洲以政治為職業之政客，其所以勝利，因原甚多——貴族之衰落，工商業利益之競爭，而在最近則政治家必須具有專門學識，第在美國則本問題關係尤為複雜。蓋在美國既無貴族衰落之可言，而工商業之汲引力，今亦已不復如昔，而有閒階級又已造成。何以在十九世紀黃金時代已致富豪之子孫，不能變為美國政治上之領袖，其理頗為難明，但其未能把握此項地位乃屬無諱言，而從全國立場觀之，此實極為不幸之事。因各種原因美國人對政治事業之心，從未植其根基，故結果以歷任總統與英國內閣總理相較，實不免相形見絀焉。或許因美國之國會議員必須為其所代表區域之居民之限制，不無關係，而無論如何，美國政治往往為無足輕重者所控制，乃屬不幸之事耳。

或將問曰：過去五十年間美國政治較為穩固，其故又果安在哉？則答之曰：在於各邦邦權尚未完全喪失耳。實在吾人對於美國人民嚴厲反對中央集權之事，極難予以贊揚，而亦惟此種態度乃為美國政治上救星之所在也。究竟兩世紀以前同盟派與聯邦派之理論何者為是，本已成為歷史問題而非政治問題，故在吾人討論範圍之外，但在今日，則邦權固已成為整個政治生命之樞機。在美國憲政發達史上，其影響之大，外國政治學者固每不能充分予以注意也。

第一因地方政府之擴張，在過去防止有產階級與無產階級政治上之分野，而將來似亦無發生極大變動之理由。美國人對社會主義信仰之少，使歐洲批評家每爲驚異不置，其故卽在於各邦邦權之存在求之。歐洲集權之民主國，尤其爲法國，社會立法每爲有組織之資產階級聯合反對，或因國會工作太多不克兼顧，以致失望者日多，因促成革命思潮之擴大。美國反是，不但地方議會有充裕之時間，且其議員亦較明地方之情隱，故對於某一區域關係重大之法案，不致因注意全國問題而遭擱置。要之因邦權之存在，使民間疾苦得以疏通，其利誠不可勝言也。

再者此制可以引起一般人對於政治之興味，而在歐洲人則早已終止此種活動矣。其在英國則地方團體太多，而其餘歐陸各國則嫌太少，但結果則一——卽選民不投票也。在美國之各邦議會適成他國所無之「中介」良以選民旣不甚多，故每票皆有其價值，而其權力足以使其工作對於所代表之選民發生重要之關係。地方觀念往往被人譏評，以致忘其優點，然而美國政治家此種情愫，附麗於國家生命車駕之上，實爲其智慧中最卓絕之點，而外國人之觀察，對於美國整個民主制度之前途，亦惟視其各邦邦權之繼續果爲如何以爲之斷耳。今者世界各國之憲法均將重入鎔鑪，其主要原因厥惟十九世紀民主集權已超過必要之度，故不能不發生反動：其尚不受抨擊者惟美國憲法而已，所以然者，卽以其在全國與地方政府之間，有此「中介」之存在也。假定來日全國大權而果集中於華盛頓，則美國民主制卽將壽終而正寢矣。

吾人由美國轉而研究拉丁國家，則吾人不啻由已知到不知者矣。北美合衆國之憲法與政治發展，業已全世界政治學者之注意，而拉丁亞美利加之組織，則絕未加以留心，或至多爲上層之英美作家以鄙夷態度予以論列，顧彼等對於一切非盎格路撒克遜起源之事物，均不認其有任何好處也。此種輕蔑之心理，殊無理由可言，蓋不但過去拉丁美洲諸共和國之歷史，實有若干教訓，任何國家均不能忽略，且吾人即謂李阿格蘭德（Rio Grande）與開普罕（Cape Horn）間之一帶土地，乃爲世界前途之所寄托，亦許非過甚其辭也。

其首先令外人注意者，即英國殖民地以獨立而統一，而西班牙之殖民地反因之而分裂，而其最矛盾之現象，即在殖民地時，前者之行政係分治的，而後者乃爲統一的。此種發展，對於拉丁美洲諸國以後之歷史影響至大，故不能不將其因素詳加分析之吾人研究之結果，以爲其原因有三——即原始殖民時之情形，種族問題，與領土上之地形是已。

當哥倫布發現新大陸，可德慈（Cortez）與皮沙羅（Pizarro）征服該地時，西班牙本國在名義上亦未統一。各省之政治與語言之參差，較之獨立國家尤甚，即在今日，西班牙王之正式名義仍爲「加士底李安亞拉貢等國之王。」（King of Castille, Leon, Aragon, etc.）在十六世紀時，巴士克人（Basque）之視安達流人（Andalusian）之爲外國人，較德人之視法人爲尤甚，此種區別，斷不至因移居美洲遂能完全消滅。加以巴西爲葡萄牙之殖民地，遂致愈增其複雜，故在開始時期，即與鄰境互相隔絕。盎格洛撒克遜之亞美利加，一經將法人排除，自遠較調和，苟其殖民方法稍爲不同，則南美屢次分裂之因素，亦不難想見及之。例如假使麻沙丘色省（Massachusettes）係歐爾斯特人（Ulster）居住，康乃提克省（Connecticut）係南愛爾蘭人居住，紐約省係衛爾士人（Wales）居住，紐賈寨省（New Jersey）係由蘇格蘭之高地人居住，而維金尼亞省係由德汪懈（Devanshire）與康瓦（Conwall）人居住，彼等雖能互相協作以抗英國，但獨立之後，則不免互爲分裂矣。然而此種情形，固在西葡殖民地發現之，西葡殖民雖其君不過二者中之一，而民族則有十餘種之多焉。

然其分裂之原因，固不止此，其土生人民，亦不能留意及之。今日美國與加拿大之領土，當歐人初到時，居於其境者爲若干游牧野蠻民族，歐人與之互通婚媾者極少，而墨西哥與南美則情形迥異，此處發現各級文化程度之印地安人，其中有文明之印加人（Incas）與兇猛之亞次特人（Aztecs）及各種游牧之民族，往往於箭端施有毒藥，而至今猶能於波利維亞之高山尋得之。在此種情形之下，無怪西葡殖民所以表現人類天然之弱點，而白種人到達一年之間，遂產生雜種矣。吾人非謂西班牙人有抄襲印地安人制度之事，但以此種混雜，遂使西葡兩國原有之複雜程度，益形增高耳。此種同樣情形，得於西班牙在回教徒統治下發現之。當阿拉伯人到伊伯利安半島之後，即由彼等從東方攜來之各族瓜分之，加以一方與伯伯人（Berbers）互締婚媾，他方又與高盧人及羅馬人互締婚媾，遂使其已經複雜之情形，愈加混亂，其結果在科多華（Cordova）之阿墨德教主（Ommeyed Caliphs）高壓之手段一經消除，則回教在半島之屬地，遂裂而爲無數獨立國家，其情形正與此後西屬南美殖民地之命運相同，且其原因，亦無毫厘之別。

除上述國家的與種族的差別之外，西葡兩帝國之地理分佈，亦極有關係。沿大西洋與太平洋兩岸之殖民地，其相互之交通，惟賴海運，且海道之交通亦極困難，而在鐵道未發明之前，格拉斯哥(Glasgow)於奎泌(Quebec)較之蒙提維多(Montivideo)之於華帕勸沙(Valparaiso)尤爲鄰近也。卽在今日南美洲之旅行，猶爲艱阻，故在一世紀以前，更無法對付之矣：陸路須經過安地斯山脈，而水路則須繞行開普漢(Cape Horn)或通過麥哲倫海峽(Magellan's Strait)。是以在十九世紀時，地理上對於南美政治發展之影響，實較任何他種原因爲多，而自各地成爲獨立國家之後，交通工具之改良，果將發生何等影響，此時尚不能逆料之也。

情形既屬如此，則離心力之勝利，固在脫離西班牙羈絆之頃，卽已確定之矣。至於各殖民地何以分裂成爲若干獨立國家，其答案厥由不能或免耳。造成北美統一局面之原因（雖亦經過長期之內戰之代價）均不存在，故自西班牙亞美利加脫離馬德里之宗主以後，各殖民地從未發生政治上之共同聯繫焉。

西葡兩國殖民與美國情形相較，則對於脫離歐洲羈絆之結果，鑑別甚爲迂緩，吾人可由其所採之政治制度見之。巴西自脫離里士本後六十年間，尙爲君主制度，阿根廷亦步巴西之後塵，惟妙惟肖，墨西哥則兩度建立帝國，——一爲伊杜俾德(Iturbide)一爲麥克西米連(Maximilian)——均於十九世紀忽起忽伏。卽曾致力與西班牙抗爭之人，其間亦有公然爲帝制派者，例如蘇克(Sucre)與柏慈(Paez)等均是。卽美洲最偉大之人物波利滑(Bolivar)，有一時期，亦未嘗不表同情焉。然其結果則共和主義勝利，非因共和制較君主制爲優，乃因其不能覓得適當之君而立之：蓋從舊世界選擇君主易歐洲之重行干涉，而從美洲選擇，而又易引起妒嫉，以致互相角逐也。

在一世紀以後之今日觀之，則所以使波利滑及其黨徒決擇之理由，殊足惋惜。設使當時由歐洲王族中選擇君主，至少可使南美洲至今仍處孤立之環境打破，且使有君主之存在，至少亦可使各國政治得以維持永久，然今則各國莫不缺乏政治上之永固性。巴西以維持君主制度，過其難關，故得免除其鄰國時常發生之內亂，是以論者以爲此種制度既能維持李阿德姜內羅 (Rio de Janeiro) 之安甯，固未嘗不可以適用於其他區域。要之，則假令殖民地革命後，如爲君主制而非共和制，則其政治理論，至少可以切合於事實，其利益不可勝言也。自南美洲脫離斐迪南統治權後，在名義上俱爲共和國，而實際則無一而非君主國，無論在任何時代，倘憲法理論與實用直接相反，爲害甚烈，蓋此種事態必至侮辱法律，因而影響於整個政治團體，以貽無窮之患也。設使拉丁亞美利加流行者爲君主制，而非共和制，若干複雜情形業已免除者，亦許因而延長，但如以之與其利益相衡，則微乎其微矣。

南美獨立以後若干年載之歷史，與近東亞歷山大死後之情形如出一轍，蓋在近東亞歷山大之部將，互相衝突，而在南美則波利滑之部屬亦互相角逐也。論者有時謂氏之死，不啻一幕悲劇之表示，從其個人野心觀之，此種觀察，原屬不謬，但其工作實未隨其生命而終止。波利滑對民主制原無信心，而其個人實傾向於獨裁，當其制定一切法律也，固非其人民意願之所欲，且雖有憲法之規定，而的克推多反因之而出現，而成以後南美政治發展上之主因焉。

南美洲之獨裁制與歐洲開明專制，負有同一使命——兩者同爲開闢近代國家之途徑，而舊世界與新世界惟一不同之點，卽爲前者之事功費時較多而後者則有前者之經驗堪爲師法耳。往者西班牙殖民地係以特權階級統治之，故獨立以後，因宗教的世俗的各種既得權利之存在，一切進步皆所不能。除此以外，復有半島戰爭使西班牙政府爲之破壞，而又經獨立戰爭長期之鬬爭。要之其情形與十五世紀之西班牙，英格蘭，法蘭西，毫無二致。病症既同，則治療亦應相同，是以阿根廷之羅薩氏(Rosas)遂採用路易十一與亨利第七所嘗成功之同樣方法；以各種正當或不正當之方法打破國內人民相互之隔閡，遂以造成今日拉丁亞美利加各國之基礎。吾人於此無庸將各共和國發展之史蹟詳加論列，蓋各個的克推多之性質，雖不相同——其中如波利滑，麥加利覺(Melgarejo)，其爲歷史家所注意，猶不若對於治心疾者之所當注意，然而彼輩所用之方法，無往而不一致，卽爲如何獲得國家之統一與喚醒國家之觀念是已。若輩所用之方法，使吾人往往不敢苟同，然而無論如何，不得謂其比歐洲典型更壞，例如煎蛋不能不打破鷄蛋，故建設國家亦不能以兒戲出之，加以此等的克推多之目的既屬正當，則其所採用之方法，遂使吾人之耳目，不能不稍爲掩閉之矣。

迄於十九世紀末年的克推多似漸失勢，而其憲法上之作用，漸生效力，而其實則仍不過爲寡頭政治或獨裁政治另以一種方式表現之。墨西哥仍繼續在爹亞子(Diaz)個人壟斷之下，至於委內瑞拉，則其政府仍爲貴族性質。然在其他國家則憲法之規定，較之往昔，稍爲尊重，而尤以阿根廷與烏拉圭爲最。此種變動，因兩國——巴西次之——此時由歐洲移入之人口漸多，故境內白人數目與情形俱已提高。在一國內其人民多數爲雜種或印地安人，自以專制爲能防止無政府之狀態，今者其多數人民既爲意大利與西班牙農民，則此制不復需要矣。然而吾人非謂民主政治乃自然發生，良以實際政府機關與民主理論往往相去甚遠，故獨裁制於目的既遵之後，遂暫時退聽之耳。

吾人苟不將智利之制度稍加述及，猶不能謂爲對於美洲政治完全了解。蓋智利爲近代亞里士多德或貴族政治之極好榜樣也。智利之基礎，由西班牙最勇敢之遠征者及南美土著中最雄偉之亞老康(Araucanian)種族所建設，且自智利獨立後，其歷史上之持續性最爲卓著，實爲他國所不及。政治上之起伏固屬不免，且曾對波利滑與祕魯發生太平洋戰爭，然其政治固爲最穩固者焉。智利之所以能造成此種情形，因其環境爲任何國家之所無，但此並不足以貶抑其貴族政治之運行。其統治階級樹立愛國之榜樣，實爲拉丁亞美利加歷史上絕無而僅有者，除阿海京(O'Higgins)與不幸之巴馬西達(Balmacela)以外，智利雖未能如其鄰國能產生美洲歷史上著名之人物，而其一般統治者之品格則甚高尚。是以智利政治值得一切政治學者之嚴格注意，使亞里士多德見之，亦必大爲快懷也。

在過去十年之間，拉丁美洲各國獨裁制又復活動，但此與向之所以產生獨裁制之理由完全不同。十九世紀之的克推多乃爲路易十一，亨利第七，主教李其流與西斯納羅 (Cardinals Richelieu and Cisneros) 在美洲之分支，而二十世紀之的克推多則與墨索里尼與李勿拉將軍相類似也。今日西班牙與其舊殖民地之友誼，自脫離以來，已遠較和睦，故西班牙本國政治上之進步，對於南美洲之影響，當亦不小，是以使多數之視綫一轉而趨向於獨裁制，以爲挽救時艱之良藥。歐戰以後之政治經濟問題，需要強有力之政府，故太平洋兩岸對於所謂「偉大事業」俱有贊成獨裁政治之趨勢。在此種情況之下，今日之獨裁者，如委內瑞拉之甘麥次將軍 (General Gomez) 等與其謂爲舊時高底羅 (Caudillos) 之後輩，毋甯謂爲墨索里尼與李勿拉之流亞也。其所以興起之環境既同，而其政策——在求國家之復興——亦完全一致焉。

英美一般不明眞象者，往往以爲拉丁美洲之歷史，不過爲不斷的革命故事，此種半眞半假之論點，使英美一般人發生極大之誤會。摩根名言曰：「在拉丁美洲市場，市價往往甚高，」此言雖爲金融而言，而於政治亦甚確當。過去百年間之進化，良堪驚異，縱使其間有不少互相殘殺之事，然恐其歷次革命死人之數目，仍不及北美合衆國南北大戰時爲數之多。對政治上之不滿，亦許民族勇氣之標幟，猶昔日雅典羅馬之情形然，且在過去百年間，西葡舊殖民地雖有不斷之騷擾，其進步反較其他秩序安寧者爲速也。

南美諸共和國之憲法，雖有互不相同之點，然其關係之重要，固不如吾人初見時之大，蓋此等憲法已經完全施行者少，而由其實際工作觀之，則其政治相同者多而相反者少也。吾人於此可附帶述及者，即其中如阿根廷，墨西哥，委內瑞拉，巴西等國，其行政係以聯邦爲原則，此外係單一國之性質：各邦權限最完備者爲巴西，君主制向心力剷除以後，各邦幾有破壞全國統一之危機，數年前蘇保羅 (Sao Paulo) 革命時，可以表現之。除此等無關宏旨之差別外，吾人研究南美政治，固可以概括方式出之，而不致有過於籠統之流弊也。

其總統之權力多較美國或歐洲共和國總統權力爲大，而在實際又較其理論上之權力更大；其權力之大幾超過的克推多之威權，由此可以明瞭許多具有野心之大總統所以極易造成的克推多之道矣。今日之大總統猶昔時之總督，其權力亦相差不遠：設吾人欲覓多數南美共和國威權之實在中心，必須於總統求之，故南美諸共和國之政治實非共和制，而從字義上言，則不啻爲選舉之君主制矣。此種制度利弊皆有，惟以無世襲君主之故，則其利固多於其弊——其實以現有情形觀之，舍此恐無他法可以適用焉。除阿根廷與智利外，南美各國交通工具仍未發達，是以鄉村人民太嫌稀散，而又尙未開化，故不易使民主制見之實行；又除智利而外貴族制之基礎亦不存在；職此之故，舍專制無他出路，其有討論之餘地者，卽究應採取何種方式及專制之程度果應如何而已。

南美各國在大總統之下，其實際政府機關，不過由極少數人所壟斷。席浮德教授 (Professor Shepherd) 之言極中肯綮：「以輿論爲控制之力，如英美各國所表現者，完全無有。其略具輿論效用者，惟報紙而已。關於抗議或建議性質之民衆大會有時亦嘗舉行；然其超勢則視此等公意之表示爲叛逆，或至少亦視若與習慣相違反。」氏復謂其結果厥爲「其政治上之主要因素，非工商階級，而係自由職業之份子。」對於此種發展之贊否，原視個人意見爲衡，但各地之士豪在南美政治上之重要，一猶西班牙當李勿拉將軍執政前之情形也。同時士豪之在新世界，其危險性不若在舊世界之大，良以惟彼乃能供給地方情隱，而此種地方情隱因極難獲得者也。要之，其政府雖未必在實際上建築於人民意志之上，而近年以來對於人民之需要，因已洞悉不少矣。自二十世紀開始以來，南美各國之進步，縱未必在理論上證明其價值，至少在事實上已足證明其價值矣。

至於外國政治學之理想，亦不能不加以論列，邇年以來，南美各國孤立之程度，既日益減少，故將來其影響亦必與日俱進。最初對南美各國發生影響者爲北美合衆國，次爲法國，最後則爲意大利與西班牙，故在今日從李阿格蘭(Rio Grande)至開普漢間，各種紛歧之政治理論，雜然並存。

當南北美洲英西葡各國殖民地未獨立之前，彼此直接交通之機會極鮮，但自北美獨立以後，遂引起南美之熱心。故結果竟有南美國家將北美合衆國之憲法及其抵制平衡之制度，完全抄襲之者，但其效果則極不堪問耳。十九世紀歐洲各國之採取英國憲法也，徒致引起糾紛，故南美各國之採用北美合衆國之憲法，其結果亦然，理固相同也。實在南美各國憲法理論之所以與政治事實相去天淵者，卽強半由於將北美合衆國憲法囫圇吞棗，而其國情又全不適合耳。然近年以來，情形已變，北美合衆國對於新世界全部之影響，雖仍屬不小，惟其制度則已不復視同政治病症之萬應靈丹矣，而邇來之反動，對於一切北美之事物莫不悉予反對，固未始非適當之補救也。

法蘭西之影響，從若干點觀察，較北美合衆國爲尤大，無論如何，此種情形在最近爲然，而其理由固不難尋得之。法國革命時期之思想，尤其百科全書派之思想，在反抗西班牙時，浸潤甚深，波利滑及其同志對於福祿特爾，盧梭，的德羅（Diderot）及其同時之思想，均甚明瞭。在十九世紀時，凡受教育之男女莫不以明瞭法國思想爲第一要義，其有金錢與時間得旅行歐洲者，視巴黎猶回教徒之視麥加如聖地焉。因此法國之影響，遂不斷的存在，然非法國政府之力，而其源泉乃在於文字方面，故不久南美洲之文學，亦以法蘭西派爲之典型矣。南美各國行政方面詳細規劃，亦悉以巴黎爲模範，故從全部立論，謂其採取聯邦制者爲取法於華盛頓，而單一國則取法於法蘭西，固無不可。數年以來，法國影響亦顯有低降，其主要原因，即爲西班牙之角逐，然法蘭西現在之影響，雖不致復如歐戰前半世紀之重要，然其勢力固仍不可侮也。蒲萊士視巴黎對南美影響之大，幾至不能不言語形容之，但其所述者，乃爲已經過去之期，蓋法京已不復爲拉丁民族首善之區矣。

然在他方則意大利之影響日益增加。意國思想上之影響，原等於零，而政治上之影響，亦惟自泛繫主義成功以後，剛才開端，徒以意人之移殖於巴西烏拉圭與阿根廷者，日形增加，自不能不於南美各國將來之歷史予以深切之印象耳。意大利現在之政府，極努力於此項工作，南美各國既有多數意人之移居，則泛繫主義未始不可獲得相當之根基也。強有力之政府，在南美各國過去之歷史上既占上風，則工業化之後，泛繫主義之必能切合其國情與民性，更無容疑。邇年以來，意大利之移民，業經墨索里尼之限制，但意大利半島生殖率之高，不久其人口必有過臍之虞，故南美各國將來必有多數意大利人之成分，乃爲必然之勢也。此等人民勢將使其本國制度與政治在南美發生影響，是以吾人謂法國之所失，必爲意大利之所得，實非過甚其辭。

若夫西班牙對於其舊殖民政治上之演進，與其他各國頗異其趣。其對南美之影響，可謂爲最古，而同時亦可謂最新。南美各國與其自身完全相同，但自殖民地獨立以後，將近一百年之中，彼此互相隔絕，此固非奇特之現象。西班牙在十九世紀中乃爲自行整理之時期，自顧不暇，而除其他不幸事件之外，復有對美戰爭之一役。第自二十世紀初年西班牙復興之後，其在新世界之威信，始重行恢復，而歐戰之役，使南美人士多能明瞭西班牙之眞象，蓋在昔時，則惟知其名而已。復以對法京惡感日深，遂轉而求之於西班牙，故在今日馬德里中央大學之學生，其來自大西洋之彼岸者爲數不少也。現在吾人對西班牙亞美利加主義之前途，尙難逆料，但許多西班牙之領袖均已一致擁護此項政策矣，當已故大主教布郭氏（Burgos）代表西班牙王遊歷阿根廷，智利，與祕魯時，其所受歡迎之熱烈，倘在不久以前，固認爲不可能者也。

是以南美之政治，其將來受羅馬與馬德里之鼓舞，必遠較巴黎或華盛頓爲大，則事實上已有相當之象徵矣。其所以促成此種發展者，國際聯盟之功不小，蓋因此之故，使西班牙系各國代表，每日得於日諾瓦會晤，結果使南美各國與其舊日祖國友誼上增進不淺。且因此對於西班牙情事之進展，亦得愈加明瞭，而李勿拉所建立之獨裁制遂渡大西洋而西矣。至於葡萄牙之於巴西，則異於是，良以後者反較前者爲大，故無論如何，恐難復受其領導矣。再者墨西哥與中美洲各國則在盎格路撒克遜鄰國陰影之下，故不能不遵循其運行之軌道，而其政治制度之發達，自須受其顯著之影響焉：實在華盛頓已用武力控制中美各國之政治，——此種政策，倘英法意諸國亦採用之，則不免引起嚴重而饒有興趣之紛亂矣。

吾人由南美過去及現在政治進而研究其將來之政治，則成爲今日極大之問題矣。從李阿格蘭至開普濮間之一大領域，亦許爲人類將來祕密之所在。世界上惟此處尙有廣大區域正待開發而最適於近代新發明之應用，一俟其人口稠密之度達於歐洲與北美同樣之情形。則其所採政制，亦許爭爲他國所仿效，是以拉丁美洲對政治學者之重要，固不減於歐洲或北美合衆國也。

現在南美洲之國界是否能維持至於永久，非吾人現在所當研究之問題，以其無關大體也，假令現在之趨勢而非一時之現象，則拉丁美洲必能自行樹立其本身之文化，而西意兩國之貢獻，且將較以往爲多，至於法美兩國則反將減少。假令其大多數人民之來源及其政府所須處理之問題不變，則異日拉丁美洲政治上之原則，乃在威權而不在於自由。同時其威權必係西班牙式而非英美式者；換言之，卽政府雖爲獨裁的，而人民個人之自由，則將較民主的英美爲多。實在美洲政治之前途，卽在盎格路撒克遜民族依求自由之勝利，而在拉丁民族乃在求威權之勝利耳。

第十章　前途之展望

吾人如由過去現在而欲推測未來之祕密，則由事實而入於玄想矣。十九世紀之父老，其理想以爲若輩所建立之民主政體，足以垂之萬世而不替，故五十年以前流行之意見，以爲將來之情形必與當時無甚差別。而在今日，則自命爲預言家甚少。良以現代有許多幻想時起時滅，亦有無數制度中途崩潰，使吾人不敢相信任何政制，足以維持永久而不墮，是以對於政治之將來最妥善之方法，即爲根據過去之經驗以研究其趨勢而已。

二十世紀爲一專門化之時代，而發明之進步，使復其色彩，益形顯著。因工業革命及機器完備之故，久已使專門化爲製造業之特點，迄於近年，則不但工業，即人類一切活動，莫不趨於專門化之一途。其理由本非極難發現，蓋文化之演進日益複雜故也。人類慾望增加，故生命亦隨而複雜，而專門家遂乘機而起矣。在北美合衆國及拉丁美洲，尚有發展之餘地，故人民尚得由甲種職業轉而爲乙種職業，第在歐洲則此種情事業已終了，是以「百般皆能」之人，不久即當滅消矣。工業，商業，科學，以及藝術，在現在均爲專門之職業，設有以「出自官位」(Ex Chathedra)爲言者，則彼必爲人視同中世紀之教皇矣。

情形如此，無怪許多國家民主代議制之威信，所以日形低落，即如英國，此種情形雖尚未發生，然而其重要性亦已顯然減小矣。百年以前，下議院多數之辯論問題，凡受過良好教育者類能了解其意義，歐洲其他各國之議會情形亦然：而在今日則立法問題多數非專家不克明瞭，故其結果立法機關不過對於行政機關與專家商榷後提出之議案予以批准而已——且因其對該議案之內容全不明瞭，故不敢予以留難。驟視之以爲使政客亦成爲專家，卽可解決其困難，第不問一般人意見如何反對所謂職業的政客，然而政治乃爲關係人生活動之各方面之科學，故在此種情形之下，欲求其爲專門化，乃屬絕不可能之事。其實現代此種特性與世界各國行政元首權力之增加，固有密切關係，縱使吾人對之極表不滿，然而專家之勝利恐不能爲之限制也。

與此種發展同時幷進者厥爲人口之增加，此乃前世紀自由派所未嘗逆料，而由其政治上之反動觀之，則直未嘗了解之也。因文化日趨於城市化，人民遂將向之視爲根本之自由自願放棄之。今日歐洲與北美人民因日常生活千緒萬端，不能不俯首聽命於約束，倘在一世紀以前，則其乃祖乃宗且將拚死以防護之，且彼等雖爲團體利益而容忍，然其足以限制個人自由則一。在曩昔寬大之日，諺云英國人之居室不啻爲其保壘，而其子孫之於今日，苟不於正當時間開放留聲機器，則其鄰居或同屋之人必將表示厭惡之聲矣。茲將穆勒約翰之言重行引證之：「是以個人之自由必須十分予以限制，彼勿使其自身成爲他人之妨害。」而今日人烟稠密之城市，較之穆勒著書時，個人尤易妨害他人之自由，故其結果，限制個人自由之程度，亦隨而增加之。

其次因人口增加之故，使離心力在近世發生極大之功用。如美德各國，其憲法以聯邦爲基礎，其所感覺之程度，自不及單一制之英法西意諸國之甚，但其作用固隨處皆然也。其大英帝國理論上其惟一之主權機關即爲衛士明士特之巴力門，從法律上言，巴力門得爲加拿大立法，其輕而易舉，猶其對於康瓦（Cornwall）立法者然，而事實上則未嘗夢想出此；其實自各藩屬自主權增進以後，巴力門之權力已日減削，是故即謂蘇格蘭與威爾士亦將脫離英格蘭之羈絆，恐爲時固不在遠也。在法蘭西則贊成地方分權之議日佔優勢，而在意大利，西班牙兩國，自邇年國會權力減削後，此類立法，固已見之實施矣。假定人口繼續增加，則世界各國立法機關之代表自不能不爲之增加，然而同時恐亦無法使其本身之地位，不致因而減低焉。

吾人於工業革命對於政治演進之影響，業已略爲述及，但其全部影響則尚未感覺焉。前已言之，若干國家對於勞資鬬爭之損失，無法保護，使國會制度破壞無餘，而在今日則有更嚴重之問題，不能不爲之應付——即對於大規模工業之組織，因而使小工業日趨於聯合之管理問題是已。自有史以來，世界上之政府即時常與有組織之團體相角逐，此等團體權力之大，實有超過國家權力之危險。教會，軍隊與貴族，在各國或各時代彼起此伏與政府互爭雄長，而在中世紀則職業團體之勢力，往往較行政元首之權尤大。迄於十六世紀潮流漸趨轉變，於是開明專制開其端，而法國革命綜其成，結果使數世紀以來之積弊爲之一清，而中央政府之權，始得復歸於最高之境地。自是以往，教會尙能保持防衞之狀態，而貴族則完全消滅，至於軍隊，則除西班牙外，已爲國家之忠僕，至是國家元首，基於民意之上，似已征服一切敵人，得效路易十四之豪語曰：「朕即國家」矣。

民主制防止勞資鬬爭之失敗，證明不能以政治方法，治療經濟之病症，故歐戰後之工業整理遂重起究應如何應付此大規模工商團體之問題，此種團體，其權力之大，以較國家權力相差不過毫厘之間耳。故在此種情況之下，以民主爲基礎之行政元首而欲維持其威權，亦戛戛乎其難矣。例如假定麥爾其特爵士（Melchett）主張在英國創設一種經濟參議會，使雇主與雇傭雙方密切合作之計劃得以見諸施行，則下議院自將減小權力不少。下院對於經濟參議院之建議，自不敢予以否決，而其關於經濟事項之管理權，不久勢將與其對於藩屬之控制無甚差別也。倘巴力門除一切無關大體之事件以外，而果等於橡皮圖章，則遲早亦必如西班牙意大利之情形，剷而去之矣。且假令如今日之情形，繼續進行，則吾人對於一般主張立法機關必須以經濟爲基礎，不然則無寧廢除之論，益難駁辯矣。

吾人對於未來之政治，苟不一敍近代出版界之影響，自不得謂爲周到。在過去一世紀中，新聞記者已越過防線，故今已站在對方：質言之，卽出版界已成爲威權之擁護者，而不復自居於革命之立場。所以然者原因不一，而其主原卽爲新聞事業亦已成爲既得利權之一種耳。往者報紙之出版爲期無定，今日予以禁止，他日又另以名目發行之，此種時期早已成爲過去，起而代之者爲按日出版之日報，其營業與其他大規模之實業無異。廣告爲其主要之支柱，而欲廣告之多，非銷路廣大不可，因此，對於一切糾紛之事件，莫不小心翼翼以出之，蓋恐有傷各界領袖之好感也。故出版界但注意本身之自由，而於一切革命運動之態度，與其他大規模實業相同，僅表示懷疑之態度而已。

是以在最近之將來，假定其本身之自由，不受十分限制，則世界各國之報紙，必自居於現存勢力之立場無庸或疑也。若夫政治上之影響，至少在英美系之國家，業已減少，其理由已於上文述及，且報紙雖有時得替人民表達情隱，然而謂新聞記者足以掌握國家之命運，則似不可能矣。顧吾人亦非謂將來之一切報章雜誌，全無政治上之勢力，因現在已有不少之出版界之股東或主筆業已體察此種危機，正欲設法補救，不過從整個出版界而論，則將日趨於爲廣告之中介，其政治上之影響，行見江河日下耳。出版界之前途，尚須自尋出路，而近年之變動已屬不小，第欲回復以前少數記者推翻查理第十之時代，恐已絕望。其在今日，果能容許德蘭（Delane）其人之存在否，良屬疑問，或者俟之來日可耳，

歐洲大戰後之公共生活，亦爲重要因素之一，至少在西歐洲各國情形無一有利於民主制者。而民主制之先決條件，即在人民對於國事發生興趣，此項條件在十九世紀後半期以及二十世紀之初年，俱已履行，因任何中年男女均得表現其個人之經驗也。而在今日則對於政治上之興趣，日就衰落，除特殊機會外，苟非以政治爲業之政客，青年中罕有討論政治問題者。其所以至於如此，理由不一，而眞正之原因，即因行政人員之問題，爲普通人所不解。對於「愛爾蘭自主」或「法國政教分離」之辯難，原無須特殊訓練，即可了然，但關於金本位贊否兩方之爭論，或關於複雜的電氣事業之計劃，則又當別論矣，是以選民不得委之於專家也。故政治興趣之減少，乃由於不明

內容，捫燭捫盤，同爲隔靴搔癢也。

此外則吾人已於前章言之，其在今日已發生許多其他吸引之力，而爲三十年前所未嘗夢想及之者。多數民主國家之規定，各個公民年滿二十即有投票之權，故不復視爲具有任何眞價，而又非盈千累萬，不得算爲多數，是故通常選民投票與否，俱成不關輕重之舉。選民雖仍受人之阿諛，而其實權則已消失，半由爲數太多，半以其對於票決之問題，不能明瞭也。在此種情形之下，無怪其寧駕車游玩，蓋在游戲場中，至少尚能欣賞其進行焉。在民主制之下，不僅需要人民之投票，而尤在需要全體人民時常注意政治問題。今者情形如此，彼信仰最堅之民主派人，亦不復堅持此種理論矣。但法國革命以來所向無敵之民主主義，在歐戰以後，是否尚能恢復以前之情形，必須俟之來日，方能判斷也。

然則民主制果將全被獨裁制取而代之乎？

驟視之，盎格路撒克遜系各國有數百年代議制之基礎，似不至回復至任何方式之專制政治，但吾人須知在現代，制度之關係甚小，而對於政治重心之影響實大。吾儕之祖父寧願忍受民主制之亂政，而不願放棄自由之原則，但方興未艾之後世，是否能保持同樣之見解，至爲可疑。此種情形，至少在英國如此。良以今日政治上所急需者爲效率，而非自由，假令二者互相衝突時，則寧舍自由而取效率焉。凡此非謂英國業已趨於獨裁政治，倘世界各國未有如英國傳統觀念之強，此種傳統觀念即對於任何形式之專制莫不力予反抗之也；倘對於行政機關而欲施以破壞，或有革命之危機時，則英人必接受的克推多無疑，惟彼未嘗不可如條多王朝之所爲，在憲法形式之下，以運行其工作也。

假定巴力門組織資格最老之英國，猶有此種發展之可能，則其他國家，巴力門不過爲新興之制度，當更有可能矣。吾人試考拉丁人民對於政治及政客之態度，則知其理想上對巴力門制度信仰力之薄弱。多年以來，若輩之所以容忍之者，因在近世舍此以外，別無替代之物，而自墨索里尼成功以還，業已樹之楷模，向之厭棄民主制者，固有所師法矣。正如百年以前，衰落之開明專制一切錯誤，皆爲贊成制憲之口實，而今者則民主派不能不應付獨裁制之恐嚇。獨裁制由羅馬而達馬德里，而各國爭相屏棄十九世紀之偶像，以意大利爲模型之偶像，替而代之。其爲獨裁制宣傳者，以爲此乃政治上之萬應靈丹，不論經濟的，社會的，或政治的病症，莫不可以着手成春，而在今日正在轉變之時期，此種病症既日叢生，是以各國均不乏贊成獨裁制者也。

而在他方則的克推多如縲子然，既無祖先之光榮，亦無後代之期望。除羅馬帝國之單獨例外不計，任何國家未有能由繼續不斷之的克推多永久統治之者，而羅馬之所以能成爲例外，乃因各種環境有以造成之，此種環境似不復再能遭逢矣，蓋在今日文明世界城市國家斷無復起之可能也。此外則有麥羅溫法蘭西之王宮知事(Mayors of Palace in Merovingian France) 與日本之幕府 (Shaguns)，其發生與羅馬又不一致，蓋前者猶今日波斯與亞爾邦尼之的克推多，係自行篡竊王位，而後者之統治固不全在武力，而係由於傳統上帝權之旁落，此種情形在過去則與馬拉達(Mahrattas)在現在則與尼帕爾相同。至普通之的克推多，其命運往往與皮西斯特拉特氏及克林威爾相同，——當其死後，卽以其權力傳於不肖之子，而不久遂被人推倒矣。是以不論的克推多之統治權如何鞏固，其所賜於國家之福澤如何深遠，然而往往至不可靠，是以對其死後情形，每多種種之推測。當其在世之日，人民對其設施頗表感謝，但其子則不能獲得人民之愛戴，又因其職位缺乏帝王之神聖性，故其受人民敬重亦遠不及帝王；人類政府原賴武力支持，而獨裁制尤以武力爲依靠，故武力稍弱，則隨而顚仆之矣。

古代羅馬之的克推多，以六個月爲任期，而近代之仿效之者，亦莫不視其任務爲暫時的，但因環境所迫往往不能不延長預定之時間。總之推翻代議制雖不過需要若干軍隊之力，而欲建設一替代之制度，絕非如此容易。人類具有反抗武力政府之根性，雖底士拉里嘗謂人類得以傳統或武力二者之一統治之，但經驗上則假使武力而不能取得傳統，則遲早必致敗亡。在此種情形之下，吾人預料歷史必至重演，而獨裁政府之前途，亦必如已往之現象。倘遇其他藥劑均告失敗，則的克推多自將應運而生，假定獨裁者不能創造新制度以替代其所推翻之代議制，或者其後繼人亦幸能取得人民之信仰，則其權力恐不能超越其壽命而延長之。獨裁制之性質原爲暫時的，因此其能超越開創人之壽命而存在者實爲例外也。從現狀觀之，以其所當應付之問題極爲重大，似尙能延長頗久。但最後則必至變爲君主制，貴族制，或民主制，此三者及其變格乃爲人類政治上永久之政體也。

是以現在之獨裁制僅爲暫局，而在此種情形之下，必須僭用君主之外衣，或在久已建立之制度下行使其大政方針。波斯與亞爾邦尼最近之例證，係的克推多自行竊據王位，其一爲推翻而前朝取而代之，其二爲顚覆共和而創立帝制。兩國均適宜於強有力之領袖，不問其來路如何，然二國俱不能謂爲近代國家之代表，故在此間發生之事件，皆不得引爲先例。歐洲除巴爾幹半島之外，而欲建立一新王朝，必須具有充分周密之預備，加以兩個拿破崙之運命，可爲殷鑒，故除「超人」而外，恐不願有此企圖，良以除比利時之事件外，絕無先例可援也，比王李阿頗爾第一 (Leopold I) 者，原係一外國親王，因比國新創王位，遂被迎而登極也。此種理論，可於法蘭西葡萄牙覓其證據，兩國右派希圖實現獨裁制者，均努力爲其已被放逐之君主進行復辟運動，蓋欲在世襲君主制之下以達其目的也。

其實此種態度，殊足以表示最近之將來政治上之趨勢。猶荷蘭在阿蘭哥王朝 (House of Orange) 以共和之假裝統治多年，故獨裁制亦得假其他政體以行之。卽現在其以君主名義行使獨裁制較之其他全靠武力維持之者（例如潘迦羅將軍在希臘建立之獨裁制）固較鞏固。或許將來之憲法，一如曩昔羅馬之規定，遇必要時，得產生獨裁制，但對其任期則妥爲限制。有人以爲獨裁制不過爲戰後過渡之罪惡，吾人則敢答之曰，的克推多所予人類之貢獻，惟駝鳥始夢夢不見焉。近代獨裁制之起原果爲如何，姑不具論，但其政策縱使未必爲革命的，亦必爲進步的。每個獨裁者對於以前政府所不敢應付之問題，尤其關於行政的與社會性質者，已悉心處理。是以有一最堪注目之事實，卽爲對於此制之反對，乃係來自所謂知識階級之份子，而從未聞勞動階級反對之聲浪。獨裁制乃在前瞻於將來而不在回顧於已往，任何抨擊均無所不可，如謂爲反動，則任何忠實之批評家所不肯出焉。既屬如此，故不論自由派如何反對，而在危難之頃則自有擁護之者。

在將來或至少在最近之將來，無論如何恐不能復如十九世紀有「憲法統一」之可能。良以人類種族上之差別，實爲顯著之現象，故欲使人類永久主張同一政治理論，殊屬不易。正如宗教政府之統一業成過去之事實，故將來之世俗政府，世界各國亦將參差不齊矣。若在中世紀謂有謂對於上帝之信仰，蘇格蘭得以異於英格蘭，而英格蘭又得不同於法蘭西，似太離奇，蓋此種情形係宗教改革之結果，而自此之後，天主教派與新教派之疆界至今仍未能有十分之變動。現代之父老對於大國如意大利者，必不信其竟至與民主政治背道而馳，蓋若輩以爲民主政治乃爲理想的政治，各國必須一致遵循，否則不免自陷於危險——此種見解在威爾遜總統希望世界一致擁護民主政治之著名演詞中業已概括無餘矣。然在今日因環境關係，使吾人對於鄰國之政治或宗教意見，不能不予以容納，正如天主教與新教得以并存於今日而不致發生衝突，故將來專制之醒獅與民主之綿羊，亦未嘗不能同在國際友誼上安然相處也。要之政治的統一與宗教的統一，俱成過去之事實矣。

將來政府之主要任務爲在於經濟而非政治或宗教。當過去百年之間，世界已縮小而同時亦已擴大。一方因探險與發現，他方又因運輸與交通工具之改良，對於以往之啞謎已完全揭破，同時使世界各部分愈接近，但以人口增加爲率至速，於是又使之擴大。人類歷史之整個趨勢，如本諾斯特 (M. Charles Benorst) 所指示，即在單位之日形擴大，而政治家所當應付之問題，卽爲對於各種文化程度不齊之多數人之正動與反動爲之解決，而其尤要者卽爲對於彼輩互相爭存之問題也。在以往政治上多少亦以經濟爲基礎，——比羅本尼蘇（Peloponnesian）戰爭得謂爲因經濟之關係，而潘尼克戰爭（Punic Wars）則斷然爲經濟的也，——其在來日則經濟卽政治矣。在此情況之下，政治體制必愈受經濟問題之影響，故其結果，憲法上之規定，似將依據於經濟，而不復注重人民政治的或宗教的情況矣。

然而同時人類永不能徒賴麵包而生存，故不問政府之形式如何，必須對於人民之社會的生活較今日之情形，愈日接近。一國之社會生活，係各種不同之衝動之結果，在國內交通不完備之時代，對於政治之影響，猶得忽略，而在今日則聰明之政治家，斷不至置之不問矣。凡公正之外國人苟嘗一讀英國法庭判案之報告，莫不知英國社會方面之立法，有許多方面業已落伍，且於過去二三十年間社會習慣風尙之改變，未嘗予以充分之考量。而其他各國亦然，至其程度較之英國則有高下之不同，而此項事實乃由法庭之人道與常識遮蓋而不顯耳。其所以造成此種情事者，乃強半由於婦女解放之結果，但政府則聽其飄流直下，然不知法律乃爲人民而設，苟與社會生活落後太遠，則整個社會必至動搖，固經驗所嘗明示於吾人者也。

假定謂戰後時期，世界上已有若干部分對於十九世紀政治理論所珍重之民主的統一性，業已破壞，固矣，然而從反動二字之普通意義言之，則反動勢力尙無取得勝利之象徵。其實數世紀以來對於傳統觀念留戀之少，未有如今日之甚者，故凡見代議制之衰落，希望潮流之轉變者，似不免極端失望焉。

而在最近數年之間，謂各國出亡之君主得以實行復辟，亦極不可能，惟法蘭西與匈牙利或有可能，因二國有特殊情形存在也。名義的或事實的君主制，或許在民主制顚仆之後，應運而生，但其希望乃在將來而不在已往，而其威權亦非由於「正統」之關係，而係因其「必不可少」之意義上發生之。夫歐洲之所以產生一新王國——亞爾邦尼——乃係的克推多自稱王號，而非由舊君之復辟，此事殊足令人注意，而此種方法恐爲將來所採用，而未必如拿破崙被推倒後，使舊君復辟也。

吾人前已言之，政體之關係甚小，而行政之所關極大。故不論他人之贊否，吾人之結論，以爲政治無絕對之良善，此種結論固極不易否定之。某種政體對於某一時代某一國家較爲適宜，而未有能經永久之試驗而得如金剛不壞者。歷史上不乏政體之勃興發揚與衰敗之例證，而其所曾統治之民族亦不一而足，故不能謂爲將來不致如優孟衣冠粉墨登場也。在此種環境之下，政治家之研討，自不必獲得最可靠之至善制度，而在建設最適宜於其國家之政體，惟若之所當小心翼翼者，即一方勿使威權而流於專制暴政，他方則勿使自由而淪爲放縱不羈耳。

敬啟

『民國專題史』叢書，乃民國時期出版的著名學者、專家在某一專題領域的學術成果。所收圖書絕大部分著作權已進入公有領域，但仍有極少圖書著作權還在保護期內，需按相關要求支付著作權人或繼承人報酬。因未能全部聯系到相關著作權人，請見到此説明者及時與河南人民出版社聯系。

聯系人 楊光
聯系電話 0371-65788063
2016年3月28日